Tudo que eu vi

Bruno Marfinati **Camila Matos** **Joelma Amaral**
Juliana Octavini **Luciana Camargo** **Miriam Hespanhol**

CLA editora

2005

Copyright©2005 Os Autores
Todos os direitos desta edição reservados à
Editora CLA.

Editor: Fabio Humberg
Assistente Editorial: Cristina Bragato
Capa e projeto gráfico: Bruno Marfinati
Diagramação: João Carlos Porto
Revisão: Ivan de Almeida / Fabio Zoppa
Fotografias: Bruno Marfinati, Camila Matos, Joelma Amaral, Juliana Octavini, Luciana Camargo e Miriam Hespanhol

1ª edição – Abril/2005

Editora CLA Cultural Ltda.
Rua Coronel Jaime Americano 30 – sala 12
05351-060 São Paulo – SP
Tel/fax: (11) 3766-9015
E-mail: editoracla@editoracla.com.br
Home-page: www.editoracla.com.br

Contato com os autores: tudoqueeuvi@uol.com.br

Dados Internacionais de Catalogação na Publicação (CIP)
(Câmara Brasileira do Livro, SP, Brasil)

Tudo que eu vi / Joelma Amaral...[et al.]. --
São Paulo : Editora CL-A Cultural, 2005.

Outros autores: Luciana Camargo, Miriam Hespanhol, Bruno Marfinati, Camila Matos, Juliana Octavini
Bibliografia.

1. Idosos - Brasil 2. Idosos - Entrevistas
3. Repórteres e reportagens 4. Velhice - Aspectos sociais I. Amaral, Joelma. II. Camargo, Luciana. III. Hespanhol, Miriam. IV. Marfinati, Bruno. V. Matos, Camila. VI. Octavini, Juliana.

05-2442　　　　　　　　　CDD-070.449305260981

Índices para catálogo sistemático:
1. Idosos : Brasil : Entrevistas e reportagens : Jornalismo　　070.449305260981
2. Reportagens : Idosos : Brasil : Entrevistas : Jornalismo　　070.449305260981

Apoio

The Chemical Company

Aos nossos familiares, amigos e colegas de trabalho; a todos aqueles que de alguma forma contribuíram; e aos queridos personagens, sem os quais esta obra não teria sido possível.

"Houve uma época em minha própria vida em que pensava sobre o valor de crescer e envelhecer, nunca mais. Não quero perder minha velhice, assim como não escolheria ter pulado minha infância ou adolescência. Mas eu sinto um senso de responsabilidade cada vez maior em relação a este futuro, eu e a todos aqueles cujas vidas podem cruzar meu caminho. Que espécie de velho serei, se tiver chance? A resposta a essa pergunta depende muito do tipo de pessoa que eu sou agora. Pois envelhecer é um plano contínuo de auto-atualização no decorrer de toda vida."

Robert Kastenbaum (1981)

Prefácio

Infarto, insuficiência cardíaca, derrame, hipertensão, pneumonia, enfisema, bronquite crônica, infecção urinária, diabetes, osteoporose.

Dicionário médico ou herança de vida?

Você, leitor, escolhe.

A opção é clara ao final dos relatos que, entrelaçados por suave retórica, mesclam registros da imigração no Brasil com a condição e a consciência do envelhecer – verbo que evitamos conjugar pelo temor da desconstrução do feito.

Tudo que eu vi é um convite a uma emocionada reflexão sobre ser e ter.

Consolato, Sugoro, Idalina, Nicolau, Elsie – mais que um sonoro punhado de batismos de distinta origem – são protagonistas nesse enredo de um Brasil centenário, arrancado da terra, berço de importados ofícios, de industrialização sempre desatualizada mas sempre crescente.

Tudo que eu vi é um naco da rotina da Nação e, sobretudo, um tributo a 25 mil brasileiros que romperam a marca de 100 anos de vida "com a mente povoada de lembranças e saudades", mapeadas por Zally Pinto Vasconcellos de Queiroz, assistente social e especialista em gerontologia.

Hoje, 62,4% dos idosos brasileiros são responsáveis por seus domicílios e 18%

vivem sozinhos por escolha ou destino, aqui aprendi nesta manhã de domingo, que não é uma qualquer.

É minha primeira manhã de real solidão, embora não tenha sequer chegado aos 50. Os meninos-homens partiram como todos os filhos embalados por Consolatos, Sugoros, Idalinas – donos de um tempo em que partir doía menos por ser parte da vida que nem sempre se perdia em esquinas e era ministrada em reuniões de família.

Nesta manhã vazia de família e afetos, *Tudo que eu vi* me ajuda a entender a inflação. Não a que invade meus dias na frieza das telas de sofisticados PCs, congestionados por fatos de grandeza duvidosa e dividida. Tenho, aqui, a chance de apreender a "inflação" espúria do comércio de escravos que cederam lugar a batalhões de estrangeiros desesperançados com o presente e confiantes no futuro.

Filha de um Brasil contraditório – desprovido de oportunidades, mas exigente – aprendo um pouco desse Brasil remoto, com oferta de trabalho, escassez de mão-de-obra, terreno fértil para vocações garimpadas com o objetivo de honrar necessidades de muitos dias.

Leia e tente aprender você também.

Mas não sem decorar a receita de um bom e secular viver: "beba um copo de vinho antes da refeição" e sonhe durante a madrugada com o ofício de ser.

Angela Bittencourt, jornalista

Tudo que eu vi

A calmaria rondava aquele vilarejo no sul da Itália. Na região da Calábria, a aldeia de Adami não tinha mais do que 200 habitantes e fazia parte de outra cidade maior da província, Decollatura. A população crescia em torno das igrejas. As casas foram construídas próximas dos campos de cultivo em meio às montanhas, em uma região agrícola, onde Consolato Laganá passaria a infância e parte da juventude. A Itália vivia no regime monarquista sob o reinado de Vittorio Emmanuel III. O papa Pio X havia acabado de assumir o trono da Igreja após o assassinato de seu antecessor, Leão XIII. Não havia automóveis naquela região — nem ruas que pudessem suportar tamanho avanço em pleno início do século 20, visto apenas nas cidades maiores, distantes da vida simples daquele vilarejo. Os carros de boi e as carruagens a cavalo eram os únicos meios de transporte a passar pelos caminhos de terra que separavam as casas dos armazéns, da praça e da igreja.

Na volta da escola, as crianças arrancavam os sapatinhos, ficavam descalças na terra, brincavam à vontade, jogavam conversa fora e sentiam-se naturalmente livres à espera do pôr-do-sol durante o verão. No inverno, os dias eram mais curtos, anoitecia por volta das quatro horas da tarde. Por causa do frio intenso, os sapatos eram apropriados para a estação. Mesmo com sola grossa, costumava-se passar uma graxa no calçado para não entrar água e, conseqüentemente, congelar os pés. Assim, Consolato se preparava para brincar na neve nos dias mais frios.

Os campos ficavam cobertos pelo manto branco, escondendo o verde de que a primavera fazia irradiar luz. Uma vida maravilhosa quando criança, uma coisa especial.

Consolato tinha nove irmãos e juntos formavam uma família grande. Seu pai, de quem herdou o nome, e sua mãe, Teresa, eram donos de um pequeno comércio de secos e molhados, onde vendiam de lingüiça a vassouras, tirando o sustento.

Foi com cinco anos de idade que ele descobriu a vocação que o acompanharia pelo resto da vida. Querendo acabar com o choro da irmã, que havia quebrado o sapatinho de uma das poucas bonecas, ficou um bom tempo recortando papelão na tentativa de esculpir o molde perfeito para um novo modelo, cessando assim as lágrimas da pequena menina. A idéia passou a perturbá-lo diariamente. Todos os dias, após voltar da escola, passava em uma oficina na cidade vizinha para observar e aprender a fazer sapatos, uma arte que guiaria a cadência de seus passos nos anos seguintes.

Em agosto de 1914, o papa conclamou os povos para um período de vigília e orações frente à ameaça de guerra que rondava a Europa. O conflito acabaria quatro anos mais tarde, matando oito milhões e deixando quase 20 milhões de mutilados. Na Itália, as lutas políticas e as mudanças no trabalho do campo com o desenvolvimento do capitalismo desempregaram milhares de pessoas, principalmente agricultores que sobreviviam da agricultura de subsistência.

Isso desestruturou famílias que não mais conseguiam viver no seu país. Muitas pessoas, sem trabalho, enfrentaram a miséria e a fome. Na época da colheita, o governo controlava a produção dos camponeses e requisitava uma porcentagem para alimentar os soldados em combate.

A vida da família de Consolato começou a ficar mais difícil. Os frutos do pequeno negócio dos pais já eram poucos e não supriam a necessidade da família. O que recebiam era insuficiente para sobreviver com o comércio e a exploração do governo. Bom foi o tempo de paz, quando viviam bem e com fartura. Pensando que um novo período de tranqüilidade se instalaria nos anos seguintes, o mundo foi surpreendido por outro impacto, dessa vez sem controle imediato. A Gripe Espanhola se espalhou pelo planeta graças às movimentações dos soldados da Primeira Guerra Mundial e matou, em aproximadamente três meses, 20 milhões de pessoas. O pequeno povoado de Adami sofreu durante quatro anos com a doença, mas a família Laganá não foi atingida pelo surto.

Descontentes com as condições que proporcionavam à família, além da constante crise que a Itália passou a enfrentar após a guerra, Consolato e o pai decidiram reconstruir a vida em outro continente. O sonho de fazer a América estava apenas no início. A decisão de partir para outro lugar foi tomada pelo fato de não se poder manter uma família com nove filhos na situação em que estava a Itália, depositando esperança numa terra do outro lado do oceano chamada Brasil.

A idéia de vir para esse lado do Atlântico não surgiu do nada. Carente de mão-de-obra para as lavouras, o governo brasileiro tinha a oferecer o que tantos estrangeiros precisavam: trabalho.

O passo inicial da imigração estrangeira no Brasil foi dado pelo senador paulista Campos Vergueiro em 1847, quando trouxe para sua Fazenda Ibicaba, no Estado de São Paulo, famílias alemãs e suíças. O sistema se espalhou pelo interior paulista. Os imigrantes eram contratados na Europa e trazidos pelos fazendeiros, que pagavam todo o transporte e as instalações na fazenda. Os europeus mal sabiam que já chegavam ao campo endividados, ficando comprometidos até a primeira safra. Com o fracasso dessa política, devido às falsas promessas e à obrigação de ficar nas lavouras por causa das dívidas, os grandes proprietários de terras começaram a comprar escravos do nordeste do Brasil para suprir a falta de trabalho. Isso não durou muito tempo, pois o preço do escravo subia assustadoramente. Além disso, o trabalho escravo oferecia alguns riscos à produção, pois os fazendeiros tinham de alimentar os negros, vesti-los, além de poder perdê-los por doenças e mortes, o que gerava um alto prejuízo.

Os cafeicultores começaram a entender que a melhor solução era o trabalho livre, mais dinâmico e menos arriscado. A partir de 1870, o trabalho assalariado foi introduzido nas lavouras e começou a atrair para o País uma enorme quantidade de imigrantes europeus. Para suprir a ausência de mão-de-obra nas lavouras de café do interior do Estado de São Paulo, o governo subsidiou passagens, incentivando a vinda dos trabalhadores.

Em 1870, desembarcaram em terras brasileiras 5.518 imigrantes, sendo seis alemães,

38 espanhóis, sete italianos, 4.458 portugueses e 649 de nacionalidades diversas. Os primeiros colonos provenientes da Itália chegaram a partir de 1875, anos depois da unificação da Itália. A liderança da unificação foi dividida entre os monarquistas do Piemonte, tendo como líder Camilo de Cavour, e as tropas do republicano Giuseppe Garibaldi. Com a ajuda da França, os piemonteses derrotaram os austríacos no norte, enquanto os homens de Garibaldi expulsaram os Bourbon da Sicília e de Nápoles. O novo Estado surgiu em 1861 com a proclamação do rei da Sardenha e Piemonte, Vittorio Emmanuel II, como soberano da Itália. A junção de Veneza e dos Estados Pontifícios completou a unificação italiana.

Os colonos eram pequenos agricultores trazidos com a intenção de ocupar terras no sul do País. A entrada de italianos só foi regulamentada em 1888, quando chegaram ao País 104.353 imigrantes. O Brasil recebeu um milhão de estrangeiros antes da virada para o século 20. Entre 1870 e 1925, ocorreu um movimento de imigração que fez saírem da Itália mais de 17 milhões de pessoas para diversos países das Américas.

A VIAGEM – Consolato e o pai decidiram viajar por conta própria. Fazia frio naquele início de fevereiro de 1922. O pico do inverno europeu já tinha passado, mas ainda era possível sentir a brisa gelada que parecia cortar a pele do rosto. A passagem comprada era somente de ida. A mãe e os oito irmãos ficaram na Itália, na esperança de um dia poder vir para o Brasil.

O navio sairia do porto de Nápoles, região central da Itália, próxima da capital, Roma. Mas, de última hora, a partida foi desviada para o porto de Gênova, cidade distante uns 800 quilômetros de Decollatura. A viagem foi adiada algumas horas, pois o trajeto de Decollatura, no extremo sul do país, até Gênova, no extremo norte, duraria uma noite inteira em trem.

O navio Valdívia partiu no dia 1º de fevereiro. Apesar de animados pela perspectiva de uma vida nova, a realidade era diferente. Era grande o número de imigrantes italianos, e a viagem era árdua. A embarcação fez escalas na França, na Espanha e em outros lugares. Antes de ultrapassar o Estreito de Gilbraltar, ponto que separa o Mar Mediterrâneo do Oceano Atlântico, o vaivém das águas já tinha chamado a atenção daquele jovem que completaria 18 anos dias mais tarde. As ondas que levantavam e baixavam o navio deixavam as pessoas mareadas. Apesar das maravilhas proporcionadas pela natureza, até ali foi uma viagem muito ruim e cansativa. O navio ficou parado um dia no porto de Dacar, capital do Senegal, na África, para se abastecer com carvão, água e alimentos, e só depois cruzar o oceano. Os dias seguintes foram de tranqüilidade, sem sequer uma onda para agitar as horas, por vezes monótonas, daquela viagem. Muitas amizades se firmaram entre os italianos imigrantes. Para fazer o ponteiro do relógio girar mais rápido, eles jogavam baralho e brincavam. Dormia-se muito mal na terceira classe, a mais vulnerável às doenças. Muitos imigrantes morriam antes de chegar ao destino tão sonhado e seus corpos eram arremessados ao mar.

A comida não era das melhores e, na hora das refeições, uma sirene soava para que cada um fosse buscar seu pratinho. Como havia muitos e o espaço era pouco, as pessoas sentavam-se em qualquer lugar. No início da imigração, as viagens eram feitas a vela e duravam 60 dias por causa da instabilidade climática. Com os navios a vapor, a viagem passou a durar 20 dias, exatamente como a de Consolato. A chegada estava próxima. O primeiro foco de luz foi avistado no anoitecer de 21 de fevereiro no porto do Rio de Janeiro, a cidade que Consolato, ainda nem adentrado no território brasileiro, já considerava "maravilhosa". Todos subiram à proa do navio para ver a iluminação da cidade e ali ficaram durante toda a noite, já que só partiriam para Santos na manhã do dia seguinte. Sem conseguir dormir com tamanha euforia, velhos e moços passaram a noite inteira admirando o Rio de Janeiro, mesmo que de longe. Na manhã do outro dia, uma buzina anunciou os primeiros movimentos da partida e o navio retomou a viagem, encerrada horas mais tarde no porto de Santos, em São Paulo.

Com os mesmos sonhos de prosperidade e dias melhores em uma terra nova, um casal japonês embarcou na Província de Hokkaido, no Japão, com destino ao Brasil. Para eles, 1927, o ano da mudança, era também o ano da esperança, repetindo a rota que outros conterrâneos já faziam havia 19 anos. Assim como Consolato, Soshichi e Chise Edamatsu foram trabalhar no cultivo de café logo que chegaram. Ficaram dois anos em um cafezal na região de Mogi-Mirim, no interior do Estado de São Paulo, época em que souberam que mais um filho estava a caminho. Este seria o caçula de quatro, Sugoro Edamatsu, o primeiro fruto brasileiro do qual se orgulhariam.

A imigração japonesa no País teve início em 1908. No dia 28 de abril, o navio Kasato Maru partiu do porto de Kobe rumo ao Brasil, trazendo a bordo 168 famílias, num total de 781 pessoas. A jornada durou 52 dias e as duas únicas escalas foram em Cingapura e na África do Sul. Na manhã da quinta-feira, dia 18 de junho de 1908, a embarcação atracou no porto de Santos.

O Kasato Maru era um antigo navio-hospital russo, capturado pelas tropas imperiais japonesas durante a Guerra Russo-Japonesa, de 1904 a 1906, e adaptado para os passageiros. A viagem foi contratada pela companhia oficial de imigração do Japão, Kokoku Shokumin Kaisha. Pelo contrato de trabalho, os japoneses deveriam ficar no Brasil por um período mínimo de cinco anos, mas não foi o que aconteceu. Os pioneiros foram encaminhados para seis fazendas de café do Estado de São Paulo. Foi o início

Tudo que eu vi

de um período intenso de imigração japonesa, que durou até 1914, quando chegaram ao porto de Santos dez embarcações trazendo 14.899 pessoas.

A família Edamatsu viu-se em meio a uma grande confusão em que ninguém os entendia, castigados, assim como foi a Humanidade em seus primórdios, quando, querendo alcançar os céus, foi condenada a falar vários idiomas distintos. As dificuldades com a língua portuguesa não permitiram a adaptação da família, que fugiu da fazenda. Sem rumo, sem destino. Ao perguntar a direção correta, não tinham resposta, ao pedir socorro, ninguém os entendia. Ao rezar: "Será que o Deus daqui sabe japonês?".

Após fugir da fazenda em Mogi-Mirim, a família se instalou num imenso matagal na região de Parelheiros, no extremo sul de São Paulo, onde conseguiram emprego numa pequena fábrica de carvão. Morando numa simples cabana, pais e filhos trabalharam ali por três longos anos. O negro da madeira queimada impregnara a vida da família. A atividade era pesada para os nipônicos. As dores nas costas, as mãos calejadas e o sacrifício não traziam frutos suficientes para o sustento de todos.

Mas a esperança estava viva e era uma luz em meio a toneladas de carvão. Correndo em direção ao sonho de ter uma vida digna e próspera, o pequeno Sugoro, de apenas dois anos, e a família se mudaram novamente. Dessa vez, para o bairro de Santo Amaro. A nova fonte de sustento da família passou a ser a plantação e a venda de frutas e verduras. O trabalho era árduo, mas a prosperidade começou a soprar para os Edamatsu. Sugoro sempre reconheceu que seus pais queriam o melhor para os filhos. Para isso, o jovem meio brasileiro, meio japonês era matriculado em duas escolas. No período da manhã, aprendia a língua portuguesa e diversas outras matérias, como toda criança brasileira. À tarde, como se o mundo estivesse de cabeça para baixo e as fronteiras desaparecessem, assistia às aulas de japonês para manter a cultura do país de origem.

Desde essa época, Sugoro já traçava o seu futuro por meio de suas escolhas. Acordava de madrugada e chegava a andar até 12 quilômetros descalço para ir de casa à escola. O almoço, preparado antes de o sol se levantar, era saboreado frio, e o retorno ao doce lar só terminava depois que o sol se punha.

Seguindo o caminho dos pais, Sugoro foi trabalhar na lavoura, aos 18 anos. Lá ficou até os 26, quando se casou com Maria Yoshiko Edamatsu, em 1955. Depois disso, trabalhou como empregado no Mercado Municipal de São Paulo, patrimônio histórico da cidade, fundado em 1933 e que passou, em 2003 e 2004, pela maior intervenção arquitetônica desde sua abertura. Agora, em vez de cultivar, Sugoro vendia frutas, verduras e legumes. Sentia que esse era um grande passo na luta diária por uma vida melhor, que começou com a imigração dos pais. Sua caminhada deu mais um salto quando conseguiu montar a própria barraca no mercado, onde trabalhou por mais oito anos.

Os dez anos que se seguiram foram de luta, muito trabalho e sacrifício para sustentar a família. Agora, ele não era mais o filho caçula, mas o pai de quatro filhos que dependiam de seu trabalho para sobreviver. Do Mercado Municipal, Sugoro foi transferido para o Centro de Abastecimento de São Paulo. Nesse meio tempo, em

Tudo que eu vi

1968, ele abriu uma loja de autopeças. Em jornada dupla, dedicava o dia ao comércio de artigos para automóveis e a madrugada ficava por conta das verduras e hortaliças.

Sugoro viveu nessa época todo o sacrifício e a responsabilidade que seus pais enfrentaram no passado para poder lhe dar uma vida melhor do que a que tiveram. Ele também queria dar esse presente aos filhos. A admiração e o agradecimento fizeram com que os pais de Sugoro se tornassem exemplo. Aos 75 anos, ele ainda freqüenta a loja de autopeças, estabelecimento hoje administrado pelos filhos, para verificar o andamento do negócio que nasceu junto com a prosperidade. Ele tem a admiração e a companhia constante dos filhos e seis netos. Tem duas grandes paixões. Uma delas é viajar. Já voltou três vezes ao Japão e visitou França, Itália, Holanda, Alemanha, Chile e Argentina. A segunda é sua nova esposa, Suguie Edamatsu, de 72 anos.

A primeira esposa faleceu de câncer em 2001. Sozinho, Sugoro sentia-se como um cachorro sem dono, como ele mesmo comenta. Foi quando conheceu Suguie, viúva havia 22 anos, em um baile da terceira idade, em São Paulo. Com o apoio das famílias, foram morar juntos em junho de 2003 e se tornaram companheiros inseparáveis. Gostam de dançar, viajar e não brigam, pois a experiência lhes ensinou a viver sem discutir. Eles são um dentre os 2.468 casais com mais de 65 anos que se unem, segundo estatísticas do Registro Civil brasileiro de 2002.

Longe dos estereótipos da velhice esquecida, o casal vê nas escolhas do passado sua atual fase, tão especial, ao lado da família.

Estatuto

Artigo 26º

O idoso tem direito ao exercício de atividade profissional, respeitadas suas condições físicas, intelectuais e psíquicas.

Artigo 8º

O envelhecimento é um direito personalíssimo e a sua proteção, um direito social, nos termos desta Lei e da legislação vigente.

"Se eu não estivesse com ela, eu seria triste, como cachorro sem dono andando por aí."

Sugoro Edamatsu, 75 anos

Tudo que eu vi

Em meio a tantos ansiando pelo desembarque, Consolato Laganá e o pai estavam sozinhos, longe da família. Ninguém os esperava no porto, nem mesmo o destino final eles conheciam. E se alguma coisa desse errado? Pessoas se mesclavam com malas, roupas, crianças, baús de madeira com diversas lembranças da terra que haviam deixado apenas alguns dias antes. Habitantes de um povoado isolado do sul da Itália, os dois se depararam com uma diversidade de raças jamais vista. Foi a primeira vez que Consolato viu o japonês e o negro. Espantado inicialmente com os tons de pele e com as características orientais, a aproximação com os também imigrantes proporcionada pelo tempo fez com que ficasse maravilhado com a diversidade, ressaltando o valor humano, não vinculado à cor ou à raça. Em 1922, chegaram ao Brasil 65 mil imigrantes. Os italianos eram 11 mil.

A partir daquele momento, uma vida começaria de novo. Muitos eram os contratantes que aguardavam os imigrantes no porto, donos de fazendas, barões do café e produtores. O pai de Consolato era quem tentava encontrar algum tipo de trabalho, já que o filho, ainda jovem, apenas o acompanhava. Após algumas conversas com o capataz de uma fazenda, fizeram um contrato para trabalhar na lavoura de café da Fazenda Nova Losan, em Campinas, no interior do Estado de São Paulo.

Curiosa coincidência: igualmente estrangeira, a planta do café, um dos principais produtos cultivados no Brasil ainda hoje, é originário da Etiópia, na África. O grão foi levado para a Arábia Saudita, no Oriente Médio, onde foi usado pela primeira vez para o preparo da bebida no século 15. O cultivo do café se desenvolveu anos mais tarde no Iêmen, país que liderou a produção até o século 18.

No Brasil, as primeiras mudas e sementes de café chegaram por volta de 1730, vindas da América Central e das Guianas. Mas só a partir do começo do século 19 é que a cafeicultura despertou o interesse dos grandes proprietários. Tornou-se rapidamente a principal atividade agrícola do País, responsável por mais da metade da renda obtida com a exportação. A crescente importância econômica fez dos produtores de café de São Paulo, do Rio de Janeiro e de Minas Gerais o centro da elite dirigente do Império e da República, até quase meados do século 20.

O trabalho era uma forma de Consolato e o pai encararem o medo diante das novas situações e a insegurança de estar em território até então estranho.

Em meio a um mundo completamente diferente, de uma realidade onde línguas, culturas e etnias diversas se mesclavam na busca por uma vida melhor, poucos dias antes de Consolato e o pai chegarem ao Brasil, São Paulo tinha vivenciado uma das maiores ebulições artísticas e políticas brasileiras, uma nova transformação também incompreensível para o povo.

A Semana de Arte Moderna, de 11 a 18 de fevereiro de 1922, revolucionou a cultura com as propostas de liberdade criativa. O esforço maior foi repensar a nova realidade brasileira por meio da arte. Os artistas modernos não se satisfaziam em apenas seguir as tendências da Europa, e as criações começaram a olhar para a cultura do País. As idéias européias do Futurismo, Cubismo, Expressionismo, Dadaísmo e Surrealismo desembarcaram com suas novas concepções nas terras tropicais. Esses movimentos de vanguarda eram resultado do questionamento político, cultural e artístico europeu perante a razão humana no contexto da irracionalidade da crise do início do século 20, quando o continente ainda sofria as conseqüências da barbárie da Primeira Guerra Mundial.

Por outro lado, para Consolato e o pai, que sem saber eram também personagens dessa nova visão de mundo, pouca atenção chamaram as manifestações artísticas que fervilhavam no Teatro Municipal, no centro da cidade. Eles estavam distantes de tal realidade, mas se encontravam ligados a ela por terem em mente o ideal do novo e da transformação para suas vidas.

Os imigrantes que chegavam ao porto de Santos eram levados obrigatoriamente à Hospedaria. Inaugurada em 19 de junho de 1887, no bairro do Brás, em São Paulo, ela era a porta de entrada de um Brasil ainda desconhecido. O local recebeu o último grupo de imigrantes em 1978, e nos 90 anos de funcionamento passaram por ali quase três milhões de pessoas. Em 1998 foi criado ali o Memorial do Imigrante, um museu ainda em funcionamento, que proporciona uma viagem no tempo, resgatando a memória dos povos que ajudaram a construir São Paulo.

Tudo que eu vi

A Inspetoria de Imigração Portuária comunicava a chegada dos navios à hospedaria para os preparativos necessários à recepção dos milhares de passageiros que subiriam a Serra do Mar rumo a São Paulo. A viagem seguinte era feita pela Estrada de Ferro São Paulo Railway, que ligava o porto de Santos a Jundiaí, com uma parada especial na plataforma da Hospedaria. A estação só servia para os desembarques, não era um ponto contínuo de paradas. Essa foi a primeira estrada de ferro feita em solo paulista. Inaugurada em 1867, ela funcionou até 1946 sob concessão governamental, quando passou para a União com o nome de E. F. Santos-Jundiaí (EFSJ). O tráfego de passageiros terminou em 1997.

Já na cidade, pai e filho também foram levados ao refeitório, aos quartos, receberam os cuidados e as vacinas apropriadas. Até então, não tinham nome nem profissão. Eram, como todos os demais, estranhos em terra estranha. A identidade foi reconquistada no momento em que foram chamados pelo nome e sobrenome em um imenso salão para a verificação, pelos diretores e auxiliares da Hospedaria, dos documentos, dados como profissão, cidade de origem e parentesco.

Os imigrantes podiam ficar lá seis dias até se restabelecer da viagem e assinar um contrato de trabalho. Mas Consolato e o pai já tinham assumido um compromisso. Após quatro dias na hospedaria, um senhor os avisou para começar a preparar as malas. Na manhã seguinte, aquele capataz com quem haviam conversado na chegada viria buscá-los para o tão esperado trabalho no campo.

No outro dia, conforme combinado, seguiram até a fazenda de café onde ficariam trabalhando nos próximos seis meses. Ainda jovem, Consolato arrumou a primeira namorada brasileira, pois as moças gostavam dos italianos. O idioma, que no início poderia ser um obstáculo para o relacionamento, depois de algum tempo já não era mais. Elas pronunciavam algumas palavras em italiano e eles, quando arriscavam falar algo em português, eram corrigidos pelas moças.

Consolato e seu pai não estavam acostumados a lidar com agricultura, a semear, a plantar e a colher o café, pois na Itália o trabalho era diferente, apesar de a agricultura ser a principal atividade econômica daquela época. O começo foi difícil, como qualquer atividade nova, mas depois de três meses já estavam acostumados com o trabalho. O momento de descanso e descontração era à noite, depois de um dia inteiro na lida. Sua turminha ficava até às 9 ou 10 horas jogando conversa fora, namorando, ainda mais com oito moças na roda. Os laços de amizade e fraternidade eram um braço de apoio entre eles, pois estavam todos na mesma condição de imigrantes, geralmente longe da família. Os resquícios da escravidão ainda permeavam muitas propriedades, e a exploração estava vinculada ao trabalho, apesar de muitos imigrantes não terem sofrido com ela.

Consolato não queria mais ir embora do campo. A colheita daquela temporada tinha sido boa, o que rendeu aos trabalhadores um bom dinheiro. Com aquela recompensa, a vinda do resto da família que ficara na Itália parecia estar mais próxima.

Tudo que eu vi

Parecia que pai e filho tinham "feito a América". Mas não foi o que aconteceu, pois o pai de Consolato queria ir além: ter um negócio, cuidar de alguma lavoura por conta própria. Era preciso fazer amizade com os capatazes dos barões do café para que pudessem arranjar um bom pedaço de terra para trabalhar. Conseguiram e começaram a plantar arroz, feijão e outros produtos. A terra continuava sendo dos barões e os camponeses não precisavam pagar por ela. Plantavam, colhiam e vendiam, e o dinheiro ficava com eles no final das contas. Sempre havia alguma coisa para semear e as terras nunca ficavam sem o cultivo. Assim, após um tempo, conseguiram boas colheitas, o que fez com que novamente ganhassem mais um bom tanto de dinheiro.

Consolato e o pai ficaram maravilhados por ver que tudo que se plantava na terra brasileira vingava. O sonho de construir uma vida melhor brotou na Itália. No entanto, ansiosos, resolveram voltar para São Paulo em agosto de 1922 à procura de um trabalho na indústria e de novas oportunidades que a capital, em intenso desenvolvimento, poderia lhes proporcionar. Deixaram para trás a terra, os amigos, o trabalho no campo e tudo o que tinham conquistado. Consolato não queria, mas teve de acompanhar o pai que buscava um trabalho assalariado. A namorada ficou no interior e as cartas foram as únicas lembranças daquele amor singelo. Separados por uma distância considerável, as cartas eram cada vez menos constantes, as palavras pareciam mais distantes e o relacionamento resumiu-se apenas à saudade do bom e velho tempo de trabalho em meio aos pés de café.

CIDADE ESPERANÇA – Em 1920, a cidade de São Paulo tinha 580 mil habitantes, dos quais aproximadamente 55% eram estrangeiros, e estava em pleno crescimento graças à economia cafeeira. Quando o preço do café caía ou as lavouras eram atingidas por pragas ou pelos efeitos das temperaturas baixas, a vinda de trabalhadores rurais para o grande centro entrava em ebulição. A cidade também era o ponto de passagem dos produtos de exportação e importação que tinham como base o porto de Santos.

Quando Consolato e o pai deixaram o campo em agosto de 1922, a capital paulista já tinha 900 mil habitantes. Naquela cidade que crescia a olhos vistos, o que mais chamou a atenção dos dois foi um senhor que toda noite fazia propaganda num velho sobrado na Praça da Sé, como era costume no Centro. O propagandista cantava, contava histórias, fazia a propaganda do sapato, do chapéu e aos poucos atraía os olhares das pessoas que passavam, fazendo-as rir com tamanha desenvoltura ao falar. Entre uma encenação e outra, o senhor contava piadas até tarde da noite, quando sua platéia se dispersava.

A imigração continuava a todo o vapor, e a vinda dos imigrantes foi importante para o desenvolvimento do Estado. Os alemães e os franceses importavam tecidos e eram padeiros ou confeiteiros. Grande parte do comércio de ferragens, funilaria e calçados estava nas mãos dos italianos. Os mascates eram imigrantes de origem árabe e vendiam chapéus, roupas, relógios, jóias e guarda-chuvas.

As zonas urbanas ao redor das indústrias cresciam. Bairros se formavam de acordo com as diferentes etnias que por lá moravam. Os italianos ficaram nos bairros da Bela Vista e da Mooca, os portugueses em Santana, os japoneses nos bairros da Liberdade e da Saúde, os sírio-libaneses na Vila Mariana, os espanhóis no Cambuci, os judeus no Bom Retiro e os alemães em Santo Amaro. Casas, construções, vilas e cortiços repletos de trabalhadores eram a nova realidade da cidade, já que a expansão da indústria colaborou para o aumento vertiginoso da população.

Consolato e o pai ficaram inicialmente numa pensão só para homens no Centro de São Paulo. O jovem conseguiu um trabalho nas indústrias do conterrâneo Francisco Matarazzo, o maior símbolo industrial do País até então e considerado o "Capitão da Indústria". Naquela época, os italianos dominavam o setor alimentício e da tecelagem. Apesar de não ter experiência e de a cidade não ter uma mão-de-obra qualificada, essa foi a oportunidade de Consolato entrar no mercado. As Indústrias Reunidas Francisco Matarazzo (IRFM) chegaram a reunir 365 fábricas durante o auge nos anos 30 e empregavam 30 mil funcionários. Consolato trabalhava com o beneficiamento do algodão que chegava do interior. As máquinas separavam o produto colhido em sementes, resíduos e pluma, a qual era prensada em fardos de 50 a 100 quilos.

Ele dava todo o salário para o pai, até que a relação entre os dois começou a ficar difícil. Colocando para fora toda a sua rebeldia, Consolato enfrentou a fúria calabresa do pai e se negou a entregar mais algum tostão, até que se separaram. O pai, sem rumo, encontrou, naquela mesma época, um senhor que falava italiano e com quem fez amizade. Uma empresa italiana estava contratando trabalhadores para Montevidéu, capital do Uruguai. Com seu novo amigo e sem saber como seria sua vida, eles foram embora e deixaram Consolato sozinho, sem pai, sem mãe, sem os irmãos e os amores esquecidos no campo. As cartas, novamente, foram o único laço entre pai e filho, que nunca mais voltariam a se ver.

A televisão ainda não havia chegado, mas a primeira transmissão oficial de rádio já tinha sido feita no Rio de Janeiro pelo presidente Epitácio Pessoa, em plena comemoração do Centenário da Independência do Brasil, no dia 7 de setembro de 1922. Após essa data, várias emissoras amadoras começaram a surgir. Consolato comprou um rádio. Era uma caixa preta, grande e alta. Os amigos se aglomeravam nos empórios da cidade para ouvir a voz que saía lá de dentro daquele quadrado. Tudo em bom português.

Tudo que eu vi

Enquanto de um lado ouvidos atentos de um país inteiro captavam as informações e o entretenimento que o rádio transmitia, de dentro daquela caixa até então misteriosa, uma voz jovem começava a ser conhecida pelo público.

Em 1929, aos 18 anos, o estudante de direito apaixonado por jornalismo Nicolau Tuma chegou à emissora Rádio Educadora Paulista para fazer sua primeira reportagem para o rádio. Lá, logo foi convidado para um concurso de *speaker*, ou radialista, termo inventado por ele anos depois. Sem pestanejar, o rapaz aceitou o desafio. E, ao falar ao microfone pela primeira vez, sentiu uma forte emoção. As mãos tremiam, a vista embaçada embaralhava as letras. Naquele momento, Nicolau viu que, a partir dali, toda a sua vida seria dedicada ao rádio e ao jornalismo.

— É inexplicável. É um daqueles momentos em que você percebe a sua verdadeira vocação, sua paixão.

Nicolau Tuma é filho de um dos 58 mil imigrantes árabes que chegaram ao Brasil até a década de 1920, vindos principalmente da Síria e do Líbano. Os sírio-libaneses, como são chamados até hoje, ao chegarem ao País, foram para as regiões Norte e Sudeste, onde trabalhavam como mascates, carregando mercadorias no lombo de mulas.

O pai de Nicolau, José Tuma, e sua família desembarcaram no Rio de Janeiro e se estabeleceram em Jundiaí, interior de São Paulo, em 1904. Até a grande viagem, o jovem José Tuma nunca tinha saído de sua cidade, Ibl Al Saki, no Líbano. No entanto, conhecia o mundo por meio dos livros. Quando o avô de Nicolau decidiu tentar a vida em outro país, o Brasil, José logo começou a sonhar com essa terra tão comentada em publicações e falada por amigos conterrâneos que já haviam seguido o caminho para a América do Sul. Por meio de cartas, eles contavam a aventura de sair de casa, atravessar o mundo e viver em um lugar cujo povo era tão diferente. José ficou maravilhado, pois iria para um país que só conhecia na imaginação.

A PEQUENA JUNDIAÍ – Era uma cidade tranqüila e de povo amável. O avô de Nicolau Tuma, com uma pequena economia que havia trazido, começou a trabalhar como mascate vendendo roupas de criança. Com o tempo, foi ganhando a confiança dos vizinhos, prosperou e abriu sua lojinha na Rua dos Coqueiros. Os imigrantes árabes que chegavam ao Brasil começavam a vida trabalhando no comércio. Em 1901, a cidade de São Paulo tinha 500 casas comerciais. Em 1907, de 315 estabelecimentos de sírios e libaneses, 80% eram lojas de tecido a varejo e armarinhos. Mas foi na Primeira Guerra Mundial que esses imigrantes conseguiram crescer, em conseqüência da interrupção da importação de produtos europeus.

Os negócios da família Tuma iam bem. Porém, a morte do irmão mais novo de José abalou aquele momento tão alegre. O pai, emocionado, pediu a José que fosse sepultar o jovem Nicolau em sua terra. E para lá ele foi.

No entanto, foi no Líbano, durante a triste fase, que ele conheceu uma moça de 17 anos. O rapaz simplesmente se encantou com a professora Emília. Em pouco tempo os dois se casaram e, em 1910, vieram para o Brasil e, um ano depois, o primeiro dos oito filhos veio ao mundo, Nicolau Tuma, nome do irmão de José que havia falecido anos antes.

Nicolau Tuma nasceu em Jundiaí, em 1911. José e Emília queriam que o filho tivesse um bom futuro e, para isso, Nicolau teria de ir para São Paulo. Aos 9 anos, o garoto seguiu para a capital e ficou impressionado com o tamanho da cidade. Tudo era enorme, tudo era novidade. Ele nunca tinha se deparado com algo semelhante. O deslumbramento fez crescer um sentimento de amor pelo lugar, amor que ficava claro em suas transmissões pela Rádio Educadora Paulista. Cada vez que falava ao microfone, a emoção transpassava sua voz e Nicolau imaginava ter aquela enorme cidade como público. Ficava nervoso de tal forma que muitas vezes fechava os olhos e imaginava estar conversando com pessoas que conhecia, amigos e a própria família, o que o ajudava a espantar o medo.

Certo dia, o diretor da emissora decidiu que Nicolau deveria transmitir um jogo de futebol do Campeonato Brasileiro no próprio estádio. Era uma disputa entre o time do Paraná e o de São Paulo. Na época, os radialistas apenas narravam alguns lances da partida, e o resto do tempo era preenchido por música. Mas Nicolau não entendia por que o jogo não era narrado na íntegra. Foi então que teve uma idéia.

Pediu licença a seus ouvintes e explicou que iria transmitir todo o jogo. E assim aconteceu. Quando terminou a disputa, Nicolau estava preocupado com a reação das pessoas e, claro, do diretor. Para sua surpresa, todos adoraram. Nas ruas, os ouvintes o cumprimentavam e pediam que ele narrasse outros jogos. E assim fez. O garoto de Jundiaí não sabia, mas tinha inventado uma forma de transmissão de futebol que é seguida até hoje em todo o mundo.

Ao ter um cargo consolidado dentro da emissora, Nicolau Tuma acabou por trazer seu pai para o mundo do rádio. José, que ficara muito doente algum tempo antes, perdera sua loja de roupas. O imigrante teve de começar tudo de novo, dessa vez com a ajuda de seu primogênito. Criou uma empresa de propaganda para rádio, uma das pioneiras da área. Muitas das criações tinham a voz de Nicolau.

Estava satisfeito. Tudo o que havia plantado com muito trabalho estava dando bons frutos. Mas aquilo era apenas o começo, pois um dos fatos mais marcantes na vida do radialista estava por vir.

Getúlio Vargas assumiu a Presidência do Brasil em 1930, em caráter provisório, mas com amplos poderes. A política desagradou às oligarquias estaduais, e as elites de São Paulo, o principal e mais importante Estado da época, sentiram-se ameaçadas. Os liberais reivindicavam a realização de eleições e o fim do governo provisório. Em julho de 1932 explodiu em São Paulo uma revolta contra o presidente Getúlio Vargas. Um grande número de pessoas se alistou para a luta na Revolução Constitucionalista de

Tudo que eu vi

1932. O governo enviou à capital paulista tropas para conter a rebelião e aviões foram usados para bombardear cidades do interior do Estado. Quase 35 mil homens enfrentaram 100 mil soldados federais durante três meses. São Paulo se sentiu traído pelos outros Estados, que não aderiram à revolução. Assim, os paulistas se renderam e as mortes, após os conflitos, chegaram a quase mil.

A Revolução de 1932 fez Nicolau mudar a forma de ver as coisas e entender verdadeiramente o que seria o espírito de união. Naquele ano, trabalhava para a Rádio Record. Na noite de 9 de julho, durante uma festa, soube que a revolução tinha explodido. Foi até a Faculdade de Direito, onde se formou em 1931, e lá havia muita confusão, gritos e estudantes revoltados. A cidade toda estava assim. A primeira coisa em que pensou foi na emissora. Quem estaria relatando os acontecimentos? Algo tinha de ser feito. Nicolau e mais alguns colegas foram até a Record, mas ao chegar foram barrados por soldados, que não os deixaram entrar.

No dia seguinte, com ordem do governo do Estado de São Paulo, conseguiram passar por aqueles homens sisudos e uniformizados e, em 10 de julho, a Rádio Record transmitiu a proclamação do governador Pedro Manuel de Toledo. São Paulo estava em guerra contra a ditadura Vargas. A partir daquele instante, Nicolau passou a contribuir para a revolução. Foram 78 dias se revezando na locução com outros radialistas, dando notícias, enviando mensagens de conforto e força aos soldados paulistas. Dia e noite, não havia fim de semana. A rádio trabalhava sem parar, e seus funcionários mostravam

40

uma vontade incansável de participar, de certa forma, daquele acontecimento. No fundo, sabiam que o futuro da terra que tanto amavam dependia da luta.

Apesar de São Paulo ter sido sufocado na Revolução Constitucionalista, essa situação ao menos serviu para aproximar os seus habitantes. Nicolau Tuma presenciou o maior momento de união entre as pessoas. Homens pobres e ricos, paulistas de nascença ou de coração. Não havia diferença, todos lutavam por um único motivo: pelo sonho de democracia.

A paixão pelo rádio, pelo jornalismo e por São Paulo logo teve de dividir espaço com uma moça que Nicolau conhecera. Para o radialista, era o amor da sua vida. Em 1937, ele se casou com Julieta, com quem teve uma filha, Ana Maria. Seus sonhos pareciam concretizados. Mas os momentos de felicidade não duraram muito. Três anos e meio depois, Julieta morreu, com apenas 25. Viúvo e com um bebê nos braços, Nicolau se viu desolado. Mas foi no trabalho e no amor pela filha que ele encontrou forças para continuar sua vida.

Em 1943, mudou-se para o Rio de Janeiro, onde trabalhou na Rádio Tamoio, emissora de Assis Chateaubriand. Lá permaneceu por dois anos e meio, e pôde conhecer um pouco mais sobre um dos personagens mais marcantes da história da imprensa brasileira. Chateaubriand era uma figura amável, atencioso com os funcionários e um grande amigo para Nicolau. O Departamento de Imprensa e Propaganda (DIP) do governo Getúlio controlava rigidamente os meios de comunicação. Os locutores

Tudo que eu vi

mantinham ao lado do microfone uma lista de notícias proibidas pelo DIP, para que os profissionais pudessem se orientar. Nicolau e Chateaubriand haviam contratado um novo radialista. Sem hesitar, o rapaz inexperiente pegou o papel e leu a lista inteira ao vivo, causando grande confusão. Do rádio para a vida política foi um pulo. Nessa nova carreira, no fim da década de 1950, candidatou-se por insistência dos amigos a deputado federal e foi eleito na primeira candidatura por causa de sua popularidade. Foi nomeado presidente do Tribunal de Contas do Estado em 1982 e na década de 1990 trabalhou na Secretaria de Turismo até se aposentar, em 2000.

Hoje, aos 93 anos, Nicolau vive num amplo apartamento localizado no 15º andar de um edifício na esquina da Avenida Paulista com a Rua Bela Cintra. Quadros antigos, móveis refinados, cada canto remete ao passado, aos momentos vividos, tanto bons quanto ruins. Momentos que ele gostaria de imortalizar, outros que preferiria esquecer ou imaginar que não tivessem ao menos existido. Cada objeto da sala foi corrompido pelo tempo, implacável. Mas ainda assim não lhes rouba a leveza e as formas delicadas, moldadas há muitos anos por mãos caprichosas. Histórias amargas e doces. Lembranças. É com elas que Nicolau Tuma se identifica todos os dias, são companheiras inseparáveis.

Apesar do conforto do apartamento e dos cinco empregados que cuidam do ex-radialista e de sua residência, ele se sente muito só. Sua segunda esposa, Lúcia, faleceu em 2003. A filha, muito ocupada, não o visita com a freqüência que ele gostaria. Os ouvintes, os leitores, os parceiros políticos, não há mais ninguém. Estão todos lendo outros textos e ouvindo outras pessoas.

Entre histórias e recordações, Nicolau Tuma faz uma breve comparação com as pessoas jovens de hoje. As coisas mudaram bastante e não foi para melhor. Claro que elas não podem continuar do mesmo jeito, estáticas, sem progresso. Mas a maneira como os adolescentes se comportam atualmente o deixa lastimoso, pois, para ele, não há mais uma base familiar que busca crescer de forma coletiva, mas, sim, individualmente.

Além disso, o número de idosos aumenta a cada dia, e Nicolau sente que a sociedade e o poder público não estão conseguindo acompanhar essa evolução a fim de garantir os direitos e a qualidade de vida da terceira idade.

No tempo em que Nicolau era mais jovem, mantinha uma relação de respeito com os pais e os avós, coisa de que sente falta atualmente. Mas isso não quer dizer que havia mais ou menos respeito. É apenas uma outra percepção de família. A memória que muitos têm das décadas anteriores e a dificuldade de adaptação às transformações sociais é que os faz afirmar que os tempos antigos eram melhores. Os valores não se perderam, apenas deram lugar a outros valores em razão da realidade, é o que acredita a assistente social e especialista em gerontologia Zally Pinto Vasconcellos de Queiroz, há mais de 30 anos trabalhando com idosos.

Por isso, é necessário que os idosos se adaptem ao momento que estão vivendo. E é nesse sentido que os programas voltados à população idosa devem se direcionar, garantindo direitos, espaço, participação, scm prejuízo para outras gerações.

Tudo que eu vi

Desde a década de 1980, o número de brasileiros com mais de 60 anos subiu de 6,4% da população para 9,6%, ou 17 milhões de pessoas que já passaram dessa idade. E o crescimento não deve parar. As previsões são de um Brasil com mais de 23 milhões de pessoas idosas em 2050. A expectativa de vida também aumenta a cada ano. Até o início do século passado, ela não passava de 34 anos. Nos últimos 40 anos, a vida média da população cresceu 20 anos, chegando a 72 anos de idade em 2004. Daqui a 50 anos, o brasileiro viverá em média mais de 81 anos.

Paralelamente, as famílias diminuem. Nos anos 60, as mulheres tinham, em média, seis filhos. Atualmente, essa média caiu para 2,3 e a previsão é que esse número se torne ainda menor com o passar dos anos. Em menos de 50 anos, o Brasil terá um perfil semelhante ao dos países desenvolvidos, com um número cada vez maior de idosos e menor de crianças.

É evidente que nas últimas décadas a estrutura familiar mudou profundamente, junto com os objetivos pessoais de cada um. A família da fase pré-moderna tinha uma proposta de produção, de construção de patrimônio e, por isso, não era comum pensar individualmente. A figura do patriarca, nessa época, era a de uma pessoa mais velha que fazia a coordenação do todo. Atualmente, além de cada um possuir um objetivo próprio, a imagem do homem mais velho e chefe da família é uma realidade cada vez mais distante. Isso porque o número de domicílios brasileiros mantidos por mulheres saltou de 18% em 1991 para 25% em 2000. No Estado de São Paulo, esse índice equivale a 24%.

O panorama é um reflexo da projeção da mulher no mercado de trabalho. Se em 1970 apenas 18% das mulheres brasileiras trabalhavam, chega-se a 2002 com a metade delas em atividade.

Atualmente é possível encontrar várias formas de família. Não há mais uma "cronologização" de cada faixa etária. Uma mulher pode ser mãe aos 45 anos. O casamento não é mais dos 20 aos 30 anos. Há pessoas que freqüentam a universidade depois dos 50 anos. Já não existe mais idade para trabalhar ou parar de trabalhar. Há mulheres que partem para ter a própria residência, na mesma época em que a neta está saindo de casa. Mulheres viúvas, sozinhas, que passam a organizar suas vidas.

Toda essa transformação tornou um só espaço insuficiente para que três gerações convivessem sob o mesmo teto. Conseqüentemente, houve uma tendência na família de não ter mais o idoso na mesma casa, fazendo com que a relação entre eles ficasse esmaecida. Mudanças que Nicolau não consegue aceitar.

Artigo 3º

É obrigação da família, da comunidade, da sociedade e do Poder Público assegurar ao idoso, com absoluta prioridade, a efetivação do direito à vida, à saúde, à alimentação, à educação, à cultura, ao esporte, ao lazer, ao trabalho, à cidadania, à liberdade, à dignidade, ao respeito e à convivência familiar e comunitária.

"Não sei se chegar à idade em que estou é um prêmio ou um castigo, pois quase todos que amei já se foram."

Nicolau Tuma, 93 anos

Tudo que eu vi

Os poucos momentos em que Consolato Laganá passava após a escola na sapataria, na cidade próxima da aldeia em que morava na Itália, na década de 1910, ainda estavam na lembrança. Não tinha aprendido o ofício por completo: sabia costurar, fazer alguns moldes e outras coisas, mas a paixão pela arte de fazer sapatos era maior. Assim como fazia após a escola na Itália, depois do trabalho nas Indústrias Matarazzo passava numa sapataria perto da fábrica para observar o trabalho feito ali, e a intenção de ser sapateiro estava cada vez mais viva.

— Puxa vida, como era bom se eu pudesse ser sapateiro.

Em um momento em que as recordações da infância iam e voltavam, o dono do estabelecimento chamou sua atenção.

— O senhor gosta desse trabalho? Gosta de aprender?

Ele, entusiasmado, contestou.

— Se eu gosto? Eu adoro!

O sapateiro, em tom de brincadeira e com um ligeiro sorriso nos lábios, chamou-o para mais perto.

— Você quer trabalhar comigo?

Com toda a inocência do mundo, Consolato respondeu que sim, ficou mais um tempo observando o trabalho das outras pessoas e foi embora para a pensão. Nem dormiu direito e, no dia seguinte, levantou antes do horário normal, tomou um banho,

51

Tudo que eu vi

vestiu uma calça um pouco melhor do que as que usava diariamente, mal tomou o café da manhã, apenas comeu um pedaço de pão com café com leite a que tinha direito e foi bater à porta da oficina. Ainda era cedo e a sapataria estava abrindo. Ficou na porta enquanto dentro já havia um rapaz trabalhando. Surpreso, perguntou a Consolato:

— O que o senhor está fazendo aqui?

— Eu vim trabalhar.

— Mas o senhor sabe fazer alguma coisa?

— Eu sei um pouquinho.

— Então pode entrar, sente ali e espere.

Quando o patrão, que havia conversado com ele no dia anterior, chegou, Consolato se apresentou:

— Bom dia, estou aqui.

O senhor riu e pediu que ele se sentasse novamente, pois não acreditava que ele voltaria. Deu a Consolato uma cadeira rústica, um pouco descascada, e um avental, sem o qual não se podia trabalhar ali. Havia uns seis empregados, e a oficina era pequena. O dono ficou desconfiado da habilidade de Consolato em fazer sapatos.

— Você sabe costurar mesmo?

— Sei, sim.

Diante da afirmação, o senhor deu a ele um sapato e pediu que o costurasse. Como havia aprendido observando o sapateiro na Itália, ele preparou a linha, fez a ponta do barbante, furou o couro e costurou por um bom tempo. O dono da sapataria, estupefato, admitiu que o trabalho estava excelente. Ele pegou o sapato, ergueu e mostrou para os outros trabalhadores da oficina.

— Mas que trabalho perfeito!

Ele ficou entusiasmado, mas aquele momento de glória acabara ali, pois o senhor não havia falado mais do que aquilo. Alguns dias passaram e nada aconteceu, até que um dos empregados não apareceu para trabalhar na sapataria. A felicidade desabrochou quando surgiu a oportunidade de ele substituir o tal funcionário. Três meses se passaram até Consolato ser efetivado. Ele se demitiu da tecelagem dos Matarazzo e pôde, enfim, dedicar-se apenas aos sapatos. Quando começou a receber o ordenado, já não queria saber de mais nada, estava ganhando dinheiro e fazendo o que gostava aos 20 anos. Mudou-se para o fundo da sapataria a fim de economizar todo e qualquer tostão para montar, no futuro, o tão sonhado negócio próprio, já não tão distante de se tornar realidade.

Consolato ficou trabalhando na sapataria até ela fechar, em 1925, quando alugou uma sala e abriu a própria oficina na rua do Hipódromo, no bairro do Brás. No começo apenas consertava sapatos e fazia alguns reparos especiais. O serviço era escasso, pois não tinha uma freguesia formada. Devido à industrialização, o País já produzia 99% dos sapatos usados internamente.

Foi com os livros importados da Europa que aprendeu mais a fundo a arte de

Tudo que eu vi

fazer sapatos. As páginas ensinavam as técnicas, as medidas e a fôrma.

A paixão pela arte de modelar calçados fazia com que Consolato cada vez mais buscasse conhecimento e qualidade para seu trabalho. O desenho perfeito, a costura bem-feita, o cliente satisfeito. O jovem italiano não deixaria mais o ofício, faria dessa paixão o seu sustento e conseguiria com ele alcançar a felicidade.

Tudo que eu vi

Consolato Laganá passaria mais da metade de sua vida dedicando-se aos sapatos. O fascínio pelo ofício o faria progredir e geraria doces lembranças que não seriam esquecidas.

Será que a paixão pelo trabalho é o segredo da longevidade?

Elsie Dubugras prova que sim. A jornalista de 100 anos ainda está na ativa. Bons hábitos alimentares, preocupação com a saúde física e mental, dinamismo, tudo isso com um único objetivo: estar bem para poder produzir seus textos e transmitir sua sabedoria.

Atualmente, existem no Brasil quase 25 mil pessoas com mais de 100 anos. Um aumento de mais de 400%, comparado com os números de 1991, que indicavam a existência de menos de quatro mil centenários. Na cidade de São Paulo, eles são 1.193.

Com uma grande lupa para auxiliá-la na leitura, pois os olhos já não são como antigamente, Elsie leva seu dia-a-dia na redação da revista *Planeta*, da Editora Três, na qual trabalha desde 1973 como editora especial. A curva dos ombros e a bengala revelam que ela já não é mais a mocinha de antes, mas a busca pelo conhecimento, a força e a dedicação ao trabalho fazem de Elsie Dubugras um exemplo de vida.

Nasceu em 2 de março de 1904, na Alameda Barão de Limeira, número 45, São Paulo, filha da escocesa Mary Ada e do antropólogo dinamarquês Wilhelm Augustus. Antes de completar um ano de idade, Elsie foi levada para a Inglaterra, de onde só voltaria aos 20 anos. Formada em jornalismo e secretariado executivo, é também escritora, pintora e poliglota: fala português, inglês e francês. Aprendizado adquirido em suas viagens pelo mundo, quando trabalhava na empresa aérea Pan American, de onde se aposentou em 1971.

Na faculdade, o talento para a escrita ficou evidente em suas notas e seu desempenho nas disciplinas. Na época, seu principal interesse eram assuntos sobrenaturais e esotéricos. Apesar da rigidez no internato, ela lia, pesquisava e escrevia, às escondidas. Freqüentou até uma sociedade que discutia temas psíquicos, onde podia expor suas idéias.

Dividir conhecimentos, informações e até opiniões com o leitor é a grande paixão de Elsie e a razão pela qual continua, ainda hoje, a escrever e a honrar o compromisso que tem com seu público.

Essa figura marcante adora o tempo em que vive, o local onde mora, o presente. Tem inúmeros amigos, nunca se sente sozinha e é apaixonada, acima de todas as coisas, pelo seu trabalho. Elsie sabe muito bem o que é ser idoso, das dificuldades, principalmente físicas e de saúde, que isso implica. Mas acredita que manter a mente ocupada, produzindo, é o melhor remédio para fazer com que o idoso jamais fique velho ou adoeça.

Algumas doenças são mais comuns e mais perigosas quando detectadas em pessoas idosas, como infarto, insuficiência cardíaca, derrame, hipertensão, pneumonia, enfisema, bronquite crônica, infecção urinária, diabetes e osteoporose.

Apesar da idade, ela não sofre com essas enfermidades. A especialista em gerontologia Zally Pinto Vasconcellos de Queiroz diz que a mente da maioria dos idosos é povoada de lembranças e saudades do tempo em que eram ativos.

Aquela função, a cadeira, o prestígio, a importância do fruto do trabalho, o relacionamento com os colegas, a responsabilidade, a vida toda dedicada a um ofício. De repente, tudo isso some de uma só vez e o que resta é um grande vazio que dificilmente será preenchido. Aquele sonho de aposentadoria – descansar, pescar, brincar com os netos – acaba não sendo suficiente para preencher uma vida que até então foi de trabalho. O idoso que vincula sua identidade ao ofício e a perde com a idade tem dificuldade em criar um novo conceito de si mesmo, comenta Zally.

É o que ocorre com Idalina Christino de Almeida. Aos 76 anos, ela sente falta dos tempos de datilógrafa. Aposentada desde 1995, procura ocupar o tempo freqüentando oficinas para a terceira idade, onde pratica bordado, tricô, artesanato, além de atividades físicas como hidroginástica e alongamento.

O destino exigiu e Idalina teve de se acostumar a conciliar o trabalho com os afazeres domésticos. Casou-se aos 16 anos e logo teve o primeiro filho, que ganharia um irmão cinco anos mais novo. Depois de apenas sete anos de casamento, ficou viúva. E se viu, aos 23 anos, sem nenhuma formação profissional, sozinha e com duas crianças pequenas que dependiam somente dela para sobreviver.

Tudo que eu vi

Da noite para o dia, Idalina teve de começar a trabalhar naquilo que toda dona de casa da época sabia fazer: costurar. E isso, ela fazia muito bem. Ela comprava roupas na região do Bom Retiro, em São Paulo, e fazia bordados e enfeites para revender. Na época, sua mãe cuidava das crianças para que a produção desse algum lucro. Muitas vezes, o trabalho chegava a se estender até de madrugada.

E foi assim que a vida seguiu até a adolescência dos filhos. Quando eles terminaram o ginásio, o que hoje equivale ao ensino fundamental, Idalina percebeu que precisava mudar de ofício, para que seus filhos pudessem continuar a estudar.

A jovem queria se matricular em um curso de datilografia, mas não poderia pagar pelas aulas. Agarrada à esperança e ao objetivo que havia traçado, Idalina foi conversar com o dono de uma escola, na Rua Quintino Bocaiúva, em São Paulo. Inacreditavelmente, deu certo e ela conseguiu o curso sem precisar pagar e seu primeiro emprego como datilógrafa, profissão que seguiu até a aposentadoria.

Seu último emprego foi na Sabesp, empresa responsável pelo abastecimento de água e saneamento básico do Estado de São Paulo. Permaneceu lá de 1981 até 1995, quando se aposentou. Se quisesse, Idalina até poderia ter deixado de trabalhar em 1990, mas preferiu continuar exercendo a profissão. Somente quando se aposentou é que realmente parou, decisão da qual se arrepende.

Ela sente falta da convivência, do agito do escritório, do barulho da máquina de escrever e do salário. O dinheiro que ganha da aposentadoria até seria suficiente se fosse somente para ela. Mas Vanderlei, o filho mais velho, de 59 anos, mora com ela desde que se separou da esposa, em 2001. Ele trabalha como corretor de seguros em São Paulo, mas a profissão não lhe dá o suficiente para o próprio sustento. E Idalina encara hoje uma realidade não tão incomum, como pode parecer.

Hoje, 62,4% dos idosos brasileiros são responsáveis pelos seus domicílios. Destes, 18% vivem sozinhos. O restante divide a casa com filhos, netos ou parentes e responde financeiramente por eles. De cada quatro domicílios brasileiros, um deles tem um idoso e este contribui com uma média de 54% da renda total da família.

O número de mulheres idosas que sustentam o lar cresceu na última década. Em 1991, eram 31,9%. Uma década mais tarde, a marca já ultrapassa os 37,6%. Desse total, 33% das idosas precisam arcar com as despesas da família que vive no mesmo local. Apesar da dependência financeira, a convivência com idosos que sustentam a família nem sempre é das melhores.

Com a testa franzida, expressão séria e de poucas palavras, Vanderlei mal fala com a própria mãe. Muitas vezes, se não é ela para puxar um assunto qualquer, ou mesmo perguntar como foi o dia de trabalho do filho, ele nem sequer a cumprimenta após chegar do serviço. Tranca-se em seu quarto e não sai de lá. Passa o resto da noite lendo um livro ou fica sentado na cama pensando em seu mundinho. Nem mesmo aos programas de televisão ele gosta de assistir.

Vanderlei não é filho único. Além dele, Idalina ainda é mãe de Valdemir, de 54 anos. O filho mais novo mora na cidade de São José dos Campos, no interior do Estado de São Paulo, com a esposa, os dois filhos e dois netos. De vez em quando, Idalina vai visitá-los. Lá, é bem recebida, ganha abraços e carinho. Ao contrário do que ocorre com a família de Vanderlei, que também tem dois filhos e dois netos. Seu relacionamento com eles não é nada bom, mas ela não se importa. O trabalho fora de casa durante muitos anos pode ter consumido horas de lazer e convívio com os filhos, evitando que o relacionamento entre eles se estreitasse.

Independente, Idalina vai para tudo quanto é canto sozinha e não se sente com a idade que tem. Vive como se ainda tivesse seus 40 anos. Apesar do espírito jovial, o corpo não é mais o mesmo. Vira-e-mexe, precisa pedir ajuda para outra pessoa quando quer subir ou descer de um ônibus, já que os degraus são muito altos e as pernas não têm mais a mesma força de quando era moça. Outro reflexo de que a terceira idade chegou Idalina observa no comportamento das pessoas. Sente que, quando uma pessoa pára de produzir, em decorrência da idade, deixa de ser cidadão para a sociedade, de merecer respeito e passa a ser digna de dó.

Idalina se considera feliz

Estatuto

Artigo 20º

O idoso tem direito à educação, à cultura, ao esporte, ao lazer, às diversões, aos espetáculos, aos produtos e serviços que respeitem sua peculiar condição de idade.

Artigo 42º

É assegurada a prioridade ao idoso no embarque e desembarque dos transportes coletivos.

Estatuto

Artigo 2º

O idoso goza de todos os direitos fundamentais inerentes à pessoa humana, sem prejuízo da proteção integral de que trata esta Lei, assegurando-lhe, por lei ou por outros meios, todas as oportunidades e facilidades para preservação de sua saúde física e mental e seu aperfeiçoamento moral, intelectual, espiritual e social, em condições de liberdade e dignidade.

"Eu adoro o tempo em que eu vivo, em que eu moro, o presente. A melhor coisa do mundo é o trabalho. Ficar parada faz mal a qualquer pessoa."

Elsie Dubugras, 100 anos

"Você dá sinal e, faltando uns dois metros para chegar ao ponto de ônibus, ele não pára. É o que eu falo: se fosse uma mocinha que desse sinal, ele parava. É verdade, a gente nota isso."

Idalina Christino de Almeida, 76 anos

Tudo que eu vi

Consolato era novato, mas se metia nas rodas de prosa. No fim da década de 1920, havia muitas janelas nas casas e, sempre viradas para a rua, tornavam mais fácil a aproximação das pessoas, que faziam rodinhas para conversar ao ar livre ou paravam mesmo nas entradas das casas para bater papo.

No fim de mais um dia de trabalho ele estava caminhando com umas amigas no centro da cidade quando seus olhos cruzaram com os de Maria da Costa, que o cumprimentou. Consolato estava conversando com a irmã dela, o que acabou facilitando a aproximação dos dois. Maria, não tão favorecida financeiramente e um pouco tímida, perguntou qual era o nome daquele rapaz que lhe tinha chamado tanto a atenção. A conversa começou a ficar comprida e se estendeu dia afora até que a paixão virou amor e o fez pedi-la em casamento no mesmo ato. Poderia ser uma brincadeira do acaso ou o caminho que a vida tinha traçado. A verdade é que no encontro daqueles olhares alguma coisa tinha acontecido. Ela gostou dele e ele se encantou com ela. Os cabelos escuros e a pele lisa e branca da portuguesa de Trás-os-Montes fizeram com que ele a considerasse belíssima. O pulsar dos corações e as conversas que incendiaram a paixão levaram ao florescimento do amor eterno entre Consolato e Maria. Eles se casaram no cartório e, depois da cerimônia na igreja, todos os amigos se reuniram para uma festinha regada a vinho e receitas caseiras. Tiveram cinco filhos, todos nascidos em São Paulo. A primeira foi Thereza. Logo depois vieram Gilda, Walter, Dirce e Neide.

Como tinha seu próprio negócio, ele precisava trabalhar; caso contrário, não teria o suficiente para sustentar a família. Custou bastante até juntar uma quantidade boa de dinheiro no decorrer dos anos. Possuía uma reserva de quando trabalhava como empregado, mas não duraria muito tempo. Quando começou a ganhar nome na praça, no fim da década de 1920, a situação ficou bem melhor. Vinha freguês de todas as partes solicitar o serviço que era feito à mão. Mesmo sem ajuda de outras pessoas, era pontual na entrega e caprichava cada vez mais. Fazia um saltinho perfeito, um enfeite bonito. A dedicação era para as mulheres, que mais o procuravam. Mas já não dava mais conta de tantos pedidos e sentiu-se obrigado a contratar alguns empregados.

São Paulo enfrentava uma crise acentuada com a produção recorde de 30 milhões de sacas de café em 1929. Com a quebra da Bolsa de Valores de Nova York, a cidade começou a sentir os efeitos da crise. Como os Estados Unidos eram o principal comprador do produto brasileiro, as compras diminuíram e os estoques agrícolas começaram a aumentar. Muitos fazendeiros foram à ruína e grande parte do comércio e da indústria não viu outra opção senão a falência. Os preços internacionais do café atingiram níveis mínimos, levando o futuro governo, como única solução para manter o preço, a queimar as sacas.

Consolato sobreviveu à crise que abalou a economia brasileira. O crescimento da oficina ajudou a trazer da Itália a mãe e dois irmãos.

ANABELA – Cada freguês que aparecia na sapataria queria algo diferente. Consolato fazia calçados sob medida. Certa vez, uma senhora apareceu querendo um sapato diferente. Ela tinha nas mãos uma revista.

— O senhor é capaz de fazer um sapato como este?

— Vou tentar.

Ele resolveu aceitar a encomenda, mesmo sabendo que aquele seria um desafio, já que nunca tinha feito algo baseado na foto de uma revista. Consolato demorou alguns dias, mas fez o sapato. No dia da entrega, a jovem senhora foi buscar a encomenda com a mãe e ficou surpresa com o que viu.

— É uma coisa meio engraçada, não sei se vou ficar com ele.

— Olha, pelo amor de Deus, a senhora não é obrigada a ficar com o sapato. Eu fiz. Se a senhora gostar, fique com ele. Caso contrário, não há problemas.

Depois de horas colocando e tirando o sapato, ela andou com ele para ver se era realmente confortável. Não houve jeito, deixou-o na oficina dizendo que o tinha achado muito engraçado e que não imaginava qual seria a reação de suas amigas ao vê-la desfilando pela cidade com aquele calçado. O sapato voltou para a bancada e ali ficou por algum tempo até que outra moça entrou na sapataria e pediu para experimentá-lo. Parecia ter sido feito para os pés dela de tão gracioso que ficou. Consolato não cobrou e disse que, se ela tinha realmente gostado, não havia preço que o pagasse. Nos pés da mocinha, toda feliz, os sapatos saíram naquele sábado a desfilar pelas ruas de São

Paulo, um modelo feito pelas mãos de um italiano que começou a trabalhar aos 18 anos e que viria a ser consagrado por aquele feito. No dia seguinte, domingo, a atenção da missa foi o tal sapato engraçadinho. As amigas ficaram encantadas com tamanha beleza e simplicidade. No início da semana, o trabalho aumentou de forma assustadora. Muitas pessoas de várias cidades começaram a ir à oficina para pedir o sapato com aquele solado que encheu a cidade: o Anabela, em formato de cunha. A sola era feita de madeira pelo irmão de Maria da Costa para que ninguém pudesse copiar. O nome foi criado pelo próprio Consolato. Não era homenagem a ninguém nem mesmo uma palavra que havia lido em algum lugar, surgiu do nada e assim ficou.

O prestígio já era tamanho que as mulheres não fariam parte da sociedade se não tivessem um sapato feito por ele. O dia em que ficou mais surpreso foi quando o luxuoso carro do conde Francisco Matarazzo, para quem havia trabalhado quando chegou a São Paulo, parou na porta da sapataria. A condessa queria que ele fosse atendê-la em casa.

Quem imaginaria que aquele simples imigrante, que fugiu da pátria-mãe em busca de uma vida digna, traçaria um caminho promissor. A força de vontade, objetivos traçados de uma vida melhor e a persistência o fizeram passar pelo cultivo do café e pela indústria paulista emergente sem pensar em desistir de fazer o que realmente gostava.

Tudo que eu vi

Mas se a luta, a persistência e a perseverança acompanham sempre alguns, mesmo diante das dificuldades, isso não ocorre com Maria Francisca Andreoni Fagundes e Eliezel Oliveira Fernandes.

Vestidos com roupas velhas e sujas, sapatos batidos, se não furados, eles jogam conversa fora. Parecem nem se importar com o frio, a chuva ou o vento. Afinal de contas, este é só mais um dos quase 3 mil dias que já passaram vivendo nas ruas.

Ao lado deles, cobertores, malas e um cachorro compõem aquele cenário triste e amargo. Os rostos abatidos, os olhares profundos, a pele enrugada e alguns fios de cabelo branco dão a eles a aparência de pessoas idosas. Mas não. Eles ainda não fazem parte da gama de mais de 16 milhões de maiores de 60 anos existentes atualmente no País, o que representa 9,3% da população brasileira. Maria tem apenas 48 anos e seu companheiro, 53. O destino de ambos fez com que se conhecessem nas ruas, em 1996.

Maria era então uma mulher com 40 anos de idade. Formada em arquitetura numa universidade da cidade de Mogi das Cruzes, no interior paulista, falava francês, inglês e italiano e morava numa bela casa no bairro de Moema. Gozava de privilégios que hoje ficaram apenas nas lembranças.

A vida de Eliezel, porém, não tinha os mesmos luxos que a de Maria. Vivia uma vida simples e humilde no bairro do Socorro e durante muitos anos trabalhara como ferramenteiro. Chegou a passar até por empresas grandes como a Caloi e a Metal Leve. Mas sua profissão deixou de existir com a chegada de máquinas modernas nas indústrias brasileiras.

O destino dos dois se cruzou depois que ficaram desempregados. Maria não conseguiu mais pagar o aluguel da casa onde morava até que foi despejada. Perdeu não só a auto-estima como também o amor de seu único filho, um jovem de 20 anos. Eliezel também não perdeu somente bens materiais, mas foi abandonado pela esposa, pela mãe e pelos filhos.

Nas ruas, encontraram a companhia um do outro. Juntos, andam pelo bairro, conversam, relembram seus passados, mas não fazem planos para o futuro. Ao contrário. Lamentam o presente. Acusam o governo do Estado e a Prefeitura de São Paulo pelas condições em que se encontram e projetam neles a expectativa de lhes oferecer uma vida melhor.

Apesar dos dias tristes e monótonos que vivem nas ruas, o casal não passa fome. Consegue, por meio da solidariedade de amigos ou moradores da região, comida e roupas velhas. As esmolas que ganham são utilizadas para sustentar os vícios, o cigarro e a bebida alcoólica, dos quais não conseguem largar.

Mas Maria e Eliezel não são os únicos adultos na faixa dos 40 anos de idade que estão desempregados. Na região metropolitana de São Paulo, em 2004, havia mais de dois milhões de desempregados. Destes, 11,3%, ou seja, mais de 220 mil pessoas têm

40 anos ou mais.

Para o casal, esse quadro significa a falta de perspectiva com relação ao futuro e à velhice. Não sabem nem estão preocupados em chegar à terceira idade. Maria e Eliezel perderam o amor, o afeto e o carinho da família, sentimentos de que tanto precisavam para ter, ao menos, uma velhice mais tranqüila.

Diante das mais de 10,3 mil pessoas que vivem nas ruas da região metropolitana de São Paulo, Maria e Eliezel se consideram indigentes, pessoas jogadas pelas ruas sem presente, passado ou futuro. Eles não esperam nada mais da vida a não ser o seu fim. Eles sentem que, para quem não tem uma vida digna, a morte não faria tanta diferença.

Artigo 37º

O idoso tem direito à moradia digna, no seio da família natural ou substituta, ou desacompanhado de seus familiares, quando assim o desejar, ou, ainda, em instituição pública ou privada.

"Estamos assim por desemprego."

Maria Francisca Andreoni Fagundes, 48 anos

"Agora a gente espera a morte, fazer o quê?"

Eliezel Oliveira Fernandes, 53 anos

Tudo que eu vi

Os meios de transporte coletivo nos anos 1930 eram os bondes elétricos, inaugurados no início do século 20 graças à eletricidade e aos geradores de energia. Todos ficaram espantados ao ver aqueles veículos vermelhos rolando de forma mágica, sem nenhum impulso, sobre os trilhos especiais assentados nas ruas. Sem hesitar, Consolato Laganá pegava o bonde em direção ao Vale do Anhangabaú, de onde seguia até a Avenida Paulista, local onde residiam os Matarazzo.

Em 1939, a sapataria mudou de endereço e começou a funcionar na Praça da República, próximo do Consulado da Itália. Tão perto da representação diplomática de seu país no Brasil, ele não imaginou que o cartaz grudado à porta com os dizeres "Consolato Laganá – Sapatos Feitos à Mão" poderia ter causado tamanho equívoco. Com a entrada do Brasil na Segunda Guerra Mundial, que eclodiu no mesmo ano, o consulado fechou as portas e muitos italianos se juntaram em frente da sapataria com documentos nas mãos, pedindo autorização para permanecer no Brasil. O nome de Consolato em italiano significa consulado, o motivo de tamanha aglomeração e confusão.

Já estabelecido, com freguesia formada e bem conceituado, ele tinha 20 funcionários que produziam 40 pares por semana, custando o equivalente a R$ 1 mil o par. Os pés de cada cliente estavam esculpidos em moldes de madeira, um trabalho feito sob medida, o que garantiu o sucesso dos Sapatos Laganá e o sustento dos cinco filhos. Ele cobrava caro e as freguesas pagavam. A qualidade dos sapatos fez com que ele

Tudo que eu vi

tivesse como clientes as esposas de grandes políticos.

Naquele mesmo ano em que a sapataria de Laganá despontava em São Paulo, o mundo parecia estar em ebulição. Enquanto no dia 1º de setembro Adolf Hitler invadia a Polônia, dando início à Segunda Guerra Mundial, desembarcou nos Estados Unidos para estrelar carreira internacional a maior cantora brasileira da década de 1930: Carmen Miranda. Portuguesa de nascimento, Carmen encantava a platéia com seu jeito exuberante e traje tropical: vestido com babados, um turbante com frutas e um sapato com solado altíssimo. Carmen pode não ter conhecido Consolato Laganá nem mesmo seus calçados, mas era adepta dos sapatos de sola alta, como os que o italiano costumava fazer para as mulheres da época.

Ao mesmo tempo em que a voz e o rebolado da brasileira chamavam a atenção do planeta, os horrores da guerra abalavam aquele período. A Segunda Grande Guerra só foi terminar em 1945, mas outros conflitos mundiais se alastraram a partir de então, como a declaração de independência de Israel, em 1948, e a briga entre a Coréia do Norte, comunista, com a Coréia do Sul, capitalista, pela reunificação do país, em 1950.

Até hoje estouram no mundo diversos outros conflitos armados, seja pela posse de terras ou mesmo disputas de cunho religioso. Na década de 1950, uma outra diva mexeu com o coração dos homens e serviu de padrão de beleza para as mulheres. Marilyn Monroe, estrela hollywoodiana, despontou como uma das mais belas atrizes do momento.

78

Enquanto o mundo se encantava com a beleza daquela norte-americana, a ciência estava a todo o vapor. Em 1953, dois cientistas, James Watson e Francis Crick, descobriram a forma helicoidal do ácido desoxirribonucléico, o DNA, abrindo caminho para um enorme avanço na medicina. No ano seguinte, em 1954, foi a vez do médico e biólogo norte-americano Gregory Pincus desenvolver a fórmula da pílula anticoncepcional, representando um forte fator de liberação sexual. Um jovem de topete, costeletas e jaqueta de couro surgiu com um novo ritmo de música, o rock-n'-roll. Elvis Aaron Presley apareceu no cenário musical influenciando bandas que, anos depois, fizeram sucesso, como os Beatles, em 1962.

Consolato acompanhava todos os acontecimentos do mundo por meio do rádio e dos jornais. A televisão ainda era um objeto de consumo raro; apenas a alta burguesia tinha o privilégio de possuir um aparelho em casa. Por esse motivo, Consolato não pôde ver o presidente Juscelino Kubitschek inaugurando Brasília em 1960, a nova capital do País que o acolhera anos antes. Salvador e Rio de Janeiro já tinham sido a capital do País anteriormente.

Mas nada disso importava para o italiano e sua sapataria. Foi com o lucro que retirava dela que, em 1962, Consolato pôde voltar pela primeira vez à Itália, deixada havia 40 anos, sem saber se algum dia veria aquela terra novamente. Apesar do avanço das grandes cidades, nos pequenos vilarejos o ritmo da vida parecia igual. Ele passou pelas vielas onde brincava quando criança e encontrou ruas asfaltadas, água encanada

Tudo que eu vi

e luz elétrica, o que o deixou um pouco triste quando surpreendido pelas lembranças mais remotas. As crianças já não mais brincavam descalças na rua. A saudade da infância era grande, mas Consolato sabia que agora sua vida estava no Brasil: sua casa, sua família e sua sapataria, a que tanto se dedicava.

O mundo continuava se transformando, desenvolvendo-se, e muitas tecnologias começavam a surgir. Em 1969, Consolato ficou encantado ao saber que um homem pisara pela primeira vez na Lua, deixando por lá uma marca inesquecível na história, assim como os sapatos feitos por suas próprias mãos: a pegada da sola do astronauta norte-americano Neil Armstrong na superfície lunar.

Assim como milhares de pessoas em todo o mundo, o italiano ficou fascinado com aquilo que vira na televisão, aparelho que conseguiu comprar com as economias da sapataria. Se para ele e para diversos outros imigrantes cruzar o Atlântico já era uma descoberta um tanto prazerosa, sair do planeta Terra e chegar até a Lua era algo ainda mais extraordinário. Mas Consolato sabia que jamais poderia desfrutar do prazer de viajar à Lua, deixar por lá as marcas de seus sapatos. Seus feitos foram outros.

Depois de quase seis décadas dedicadas à arte de fazer sapatos, Consolato Laganá construiu um grande patrimônio e foi obrigado pelos cinco filhos a se aposentar aos 80 anos. As mãos abençoadas do italiano já não mais podiam contribuir para os passos dos seus cerca de 1,2 mil clientes.

Desde sua infância, na querida Adami, na Itália, Consolato Laganá pôde acom-

80

panhar toda a transformação pela qual o mundo passara, graças aos avanços tecnológicos, que contribuíram não apenas para o desenvolvimento social e humano, mas também para diversas áreas, como a medicina, a cultura e as telecomunicações.

Viu que, apesar de as duas grandes guerras terem acabado, inúmeros outros conflitos ainda estavam por vir. Na mesma década em que Consolato se aposentou, em 1980, cientistas descobriram uma nova doença, que em poucos anos se alastrou pelo mundo: a AIDS. A doença é causada pelo vírus HIV, contraído por meio de relações sexuais, sangue ou leite materno, que enfraquece o sistema imunológico.

Ele vivenciou ainda a saga das Diretas Já, em abril de 1984, quando Leonel Brizola, Ulysses Guimarães, Tancredo Neves, Franco Montoro e Fernando Henrique Cardoso lideraram passeatas pedindo as eleições pelo voto direto. Dois anos depois, na Ucrânia, uma explosão em um dos quatro reatores da usina nuclear de Chernobyl causou uma grande catástrofe na Europa. Trinta e uma pessoas morreram, 135 mil foram evacuadas da região e 5 milhões de outras contraíram câncer. No mesmo ano, outra explosão abalou o mundo. O ônibus espacial Challenger explodiu no ar e matou seus cinco tripulantes, paralisando o programa espacial norte-americano.

Em novembro de 1989, cidadãos berlinenses, armados com marretas, derrubaram o Muro de Berlim, um símbolo da Guerra Fria. O muro havia sido construído em 1961 para impedir a fuga de alemães orientais para a parte ocidental. Seus fragmentos foram guardados como suvenires de seus protagonistas, representando a libertação da tutela soviética.

Dois anos depois, em 1991, foi decretado o fim da União Soviética e do comunismo na Rússia. O presidente do país, Mikhail Gorbachev, renunciou ao poder, entregando o governo a Bóris Yeltsin, presidente da Rússia naquele ano.

Mas tudo o que Consolato vira até aquele momento em termos de guerra era pouco perto do que ainda estava por vir. A década de 1990 foi marcada por inúmeros conflitos armados, entre eles a Guerra do Kuwait, em 1991 – que causou a morte de mais de 100 mil soldados e 7 mil civis iraquianos, 30 mil kuwaitianos e 510 homens da coligação –, e a Guerra da Bósnia, em 1992.

Enquanto isso, no Brasil, o então presidente Fernando Collor renunciou ao poder depois da onda de denúncias de corrupção envolvendo seu nome e o de seus principais auxiliares políticos. Diversos acontecimentos passaram a alterar o mundo e a vida da família Laganá naquele período.

Ao mesmo tempo em que Consolato envelhecia, seus filhos cresciam e outras gerações surgiam. A tão doce e bela Maria da Costa faleceu em 1993 de derrame, após 65 anos de um casamento feliz, e deixou saudades.

Consolato não procurou outra companheira nem pensou que pudesse substituir o amor que ainda sentia por Maria. Apesar de sempre ter estado em contato com muitas pessoas, ele a amava tanto que não se imaginava ao lado de outra mulher.

Com 11 netos e 14 bisnetos, ele está feliz com sua grande família, que, aos domingos, quando possível, reúne-se em volta da mesa para o almoço. Os italianos espalharam-se pelo globo e a população atual da Itália está quase no mesmo nível dos cerca de 60 milhões de descendentes no mundo. Só no Brasil são 25 milhões e no Estado de São Paulo o número chega a 6 milhões atualmente.

Consolato vive com a filha Thereza. O carinho, a atenção e o cuidado não permitem que a solidão o tome ou tire a alegria e as boas lembranças.

Ter a companhia de um filho na terceira idade não é privilégio de todos. Muito pelo contrário, há aqueles que abandonam os próprios pais. Por mágoa, descaso ou desinteresse, muitos idosos sofrem a ausência daqueles a quem tanto amam. Atualmente, por exemplo, 67% das mulheres idosas no Brasil vivem totalmente sozinhas, independentemente do motivo.

Vicentina de Souza Cuppa, aos 82 anos, cuida do marido, José Cuppa, acamado, de 100 anos, em um barraco de madeira na favela do Livieiro, divisa dos municípios de São Bernardo do Campo, no ABC paulista, e São Paulo.

Seu único filho, José Roberto, não aparece para visitar a mãe desde 2001. O casal recebe dois salários mínimos de aposentadoria, tem dificuldades financeiras e conta com a solidariedade de amigos da favela e da igreja para sobreviver. Vicentina já morou com ele, quando era viúva do primeiro marido, com quem foi casada por 27 anos. Mas, depois que o filho se casou, os problemas começaram. Sogra e nora não se entendiam. Havia brigas, discussões que tornavam a vida ainda mais difícil.

Nessa época, Vicentina trabalhava como faxineira de manhã, e à noite estudava no supletivo para adultos na escola do Serviço Social da Indústria (Sesi) de Diadema. No período de férias, em que a escola permanecia fechada, ela foi para Tatuí, sua terra natal, passar alguns dias. Quando chegou de viagem, encontrou todas as suas coisas empacotadas na garagem.

Sua nora havia alugado um quartinho para ela sem consultá-la e já tinha até preparado a mudança para que a sogra não tivesse oportunidade de contestar.

— Olha, dona Vicentina, arrumei um quarto para a senhora.

— Por quê?

— Vai ser bom para a senhora ter o seu quartinho sossegado, poder fazer o que quiser, sem ninguém para atrapalhar.

— Tá bom.

Virou o rosto e, chorando, clamou:

— Ai, Jesus, o que é que eu faço agora?

Depois disso, nunca mais voltaram a viver juntos. O filho, José Roberto, que já se separou da primeira esposa e casou-se novamente, convidou a mãe e o padrasto para morar com ele, mas ela não aceita.

Ele reconhece que não a visita há muito tempo nem tem intenção de estreitar o relacionamento tão amargo. Afirma que não é ligado a ninguém de sua família. Não visita a mãe nem a filha, Renata, que está presa há quatro anos, condenada por assassinar o marido.

Vicentina nem lembra como foi a última visita do filho e não conta com a ajuda dele para nada. O filho é dono de três apartamentos em São Paulo. Vicentina foi visitá-lo uma vez, mas não pretende retornar lá.

Tem quatro bisnetos, filhos de sua neta Renata. Apesar de eles morarem bem próximo da casa da bisavó, não vão visitá-la nem dão notícias. Vicentina sente falta do filho, dos netos e bisnetos, da família que constituiu e perdeu com o tempo.

Os agradecimentos por ajuda e carinho são destinados às pessoas com quem não tem laços de sangue, mas cruzaram a vida dela e puderam tirar daquele rosto enrugado pelo tempo e marcado pela luta um sorriso de menina.

Ela agradece à irmã Divina, colega de igreja que sempre esteve atenta às necessidades do casal. Também a Teresinha Borba, a professora que lhe ensinou a escrever o nome e para quem trabalhou por 17 anos.

Teresinha, de 57 anos, mãe de três filhas, conheceu Vicentina em 1981, quando era professora de ensino supletivo. A aluna era muito sozinha, e a professora precisava de alguém que a ajudasse, principalmente com a filha. Então, escolheu-a para trabalhar. O tempo passou, Teresinha teve mais duas filhas e a ajuda de Vicentina era integral. Em qualquer horário, uma sempre estava disposta a ajudar a outra. Tornou-se, além de amiga, a mãe que Teresinha não tinha.

Mas a história de luta e sofrimento não conseguiu fazer de Vicentina uma mulher infeliz. Comparando todas as etapas de sua vida, desde a infância feliz em Tatuí, o primeiro casamento, o trabalho, ela prefere a vida que leva hoje. Em um simples barraco, cuidando do marido, saindo de casa somente para ir à igreja, praticamente, Vicentina se sente feliz. É sorridente e não trocaria o lugar onde mora por nenhum outro.

— Daqui, eu e José só saímos tirados por Jesus.

Artigo 4º

Nenhum idoso será objeto de qualquer tipo de negligência, discriminação, violência, crueldade ou opressão, e todo atentado aos seus direitos, por ação ou omissão, será punido na forma da lei.

Artigo 6º

Todo cidadão tem o dever de comunicar à autoridade competente qualquer forma de violação a esta Lei que tenha testemunhado ou de que tenha conhecimento.

"Ah, nem conto com meu filho. Olha, vai fazer três anos que ele veio aqui e não voltou mais. Gostaria de ter mais contato, mas ele não liga."

Vicentina de Souza Cuppa, 82 anos

Hoje, Consolato Laganá se levanta cedo, por volta das 6 horas, pois o empregado que trabalha em sua casa e que vai embora às 8 horas precisa ajudá-lo a se arrumar, pentear o cabelo e tomar o café da manhã. Gosta de ver alguns programas na televisão e ler algumas notas no jornal, já que os olhos não ajudam a enxergar direito e embaralham as palavras. Ele não pára em casa e todo dia sai para dar uma volta com o motorista, faça chuva ou faça sol.

A vida dele foi intensa, repleta de transformações e novos laços, e foi forçado pelo próprio destino a se acostumar a ir ou a deixar algum lugar na esperança de conseguir uma condição melhor. Ele foi um homem de sorte e sempre pensou em melhorar. E conseguiu. Cada momento teve uma importância singular e, para ele, a vida tem de ser vivida dia a dia, sem saber o que o amanhã poderá reservar.

Todas as noites, antes de dormir, ele olha para o porta-retratos antigo sobre o criado-mudo ao lado de sua cama com a foto branco-e-preto dele com a esposa e os filhos, tirada em um estúdio fotográfico na capital.

— É para lembrar um pouco. Tenho tanta saudade...

Até algum tempo, ele bebia um copo de vinho antes da refeição e ainda sonhava durante a madrugada com o ofício de fazer sapatos. Consolato completou 100 anos com uma grande festa em sua casa em fevereiro de 2004 e hoje, sem se sentir tão velho, vive feliz em São Paulo.

"Vivendo, vivendo, vivendo que a gente nem sabe que tem 100 anos. Cada dia é um dia."

Consolato Laganá, 100 anos

Mais

"Sou muito ativa e não gosto de ficar parada. Trabalhei na Alcan do Brasil por oito anos e, a convite de uma amiga, entrei no grupo da Faculdade da Terceira Idade na Faenac com o objetivo de ficar por dentro das coisas. O propósito é me manter atualizada e sair de casa. Na nossa idade, é para ter convívio com outras pessoas. De vez em quando a gente se reúne, faz um chazinho na casa de um e de outro. Eu não sabia informática. Eu aprendi e agora mexo no computador, mando e-mail, jogo, me atualizo, faço pesquisas. Procuro sempre me cuidar para a longevidade, viver bastante... Quando eu era criança, achava minha avó uma idosa. Para mim ela era uma velha, tinha 50 anos. Agora, quando eu estava com 50 anos não me achava velha como minha avó. Então, mudou o enfoque hoje em dia. Estou com quase 70 anos e minha avó, com 70 anos, era mais que uma velhinha, só andava de manga comprida e vestido. Eu vou ao cabeleireiro, tinjo meu cabelo."

Áurea Balsamo Falzetta, 69 anos

Um susto. Foi preciso um susto quase que fatal para fazer Djalma perceber sua falta de preparo para lidar com a velhice de seu pai, João Batista de Oliveira. "Na época, ele estava com 108 anos e já tinha começado a perder a noção das coisas. Eu havia desligado a luz com medo de ele abrir o gás. Aconteceu justamente o que eu imaginei! Uma vizinha me ligou dizendo "eu olhei pela janela e seu pai está caído no chão", recorda Djalma. Cruzar os braços e lamentar a queda do pai seria uma atitude jamais pensada por esse auxiliar de enfermagem. A situação o motivou a se estruturar e abrir o que hoje é "O Raiar do Sol". A amizade e o bem-querer são a base do tratamento oferecido nesse "lar", que cuida de 80 velhinhos e sobrevive da ajuda de voluntários e de campanhas sociais. Segundo seu idealizador, "a maioria da população não tem condições de ter um idoso dentro de casa, ele é encarado como um estorvo, uma doença social. O que falta é um trabalho conjunto entre o governo e a sociedade. A pior coisa que existe é quando você fica velho e não tem um tratamento digno. O idoso não precisa apenas de comida e uma cama para dormir, ele precisa de remédio, cuidados especiais e carinho."

Djalma Batista de Oliveira, 56 anos

Tudo que eu vi

Voz pueril e aguda. Ruth parece querer fazer da distante infância sua terceira idade. Com sua "filha" no colo, a boneca Rosita Rosa, ela alegra a todos com suas piadas inocentes e constantes. Apesar dessa felicidade aparente e contínua, Ruth se entristece ao dizer que não acredita em Papai Noel, já que desde pequena só sabia brincar de lavar roupa: "Criança tem que brincar de fazer tudo o que for de criança, comigo não foi assim... Criança não tem que acreditar nele. Só depois de muito tempo, fui saber que ele não existia." Suas expectativas para o futuro também deixaram de existir há tempo: "Não tenho mais sonhos, só quero um futuro com muitas brincadeiras e brinquedos para minha filha."

Ruth Martins, 66 anos

Não é só o aparelho televisor o grande companheiro de Ana Monteiro.

Ela nunca namorou, mas, em compensação, vive rodeada de amigos. Da família, recebe às vezes um beijo do sobrinho. Como sofre de doenças múltiplas e não pode sair da cama, nesses 15 meses de instituição muitas pessoas aparecem para visitá-la e se encantam com tamanha força e vontade de viver. A dificuldade para falar é muito grande, mesmo assim a esforçada e risonha Ana diz: "Eu adoro esse lugar, todos aqui cuidam muito bem de mim, eles têm muita paciência comigo. Tenho muitos amigos aqui."

Ana Monteiro, 83 anos

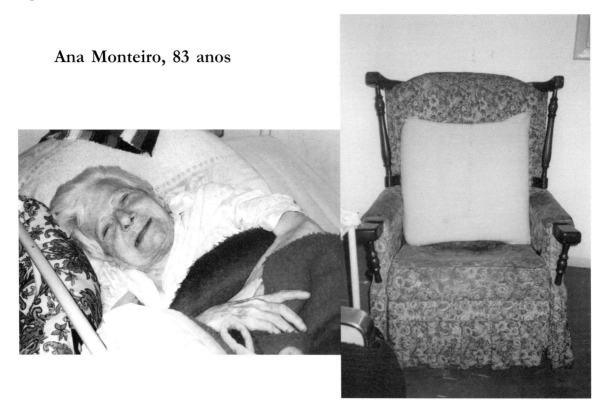

Boas recordações, lembranças de um passado moleque sob a chuva de verão.

Tarcísio se diverte e sente saudade ao falar de suas estripulias de infância e adolescência. "Eu adorava andar pelado embaixo da chuva no meio das garotas." Mas nenhuma dessas garotas se apaixonou pelo marceneiro. A paixão aconteceu somente há 30 anos. Com vinte anos a mais que ele, Josefina Almeida 'roubou' seu coração à primeira vista: "Ela foi o primeiro e único amor de minha vida, mas Deus deve ter se apaixonado por ela também e em 1990 a levou de mim", recorda Tarcísio.

A vida voltou a ter sentido quando Tarcísio voltou a trabalhar. "Eu sou aposentado, mas me ofereci para fazer o serviço bancário de uma empresa. Faço esse 'bico' há cinco anos, me ocupo e recebo uma ajuda de custo. Eu me sinto respeitado."

Tarcísio Policarpo Graça, 71 anos

Posfácio

Cada segundo, cada minuto da vida da gente é um momento único. Assim que acontece, vira passado, parte integrante do que é nossa história. O mesmo ocorre com as palavras escritas neste livro. Elas contam 972 anos de momentos vividos pelas pessoas que entrevistamos.

Talvez uma das missões, ainda que involuntária, ao escolher como tema os idosos, tenha sido a necessidade ou a obrigação como cidadãos, de nós, jovens, nos aproximarmos dos mais velhos, que também já foram jovens, apesar de a sociedade parecer ter se esquecido. O mais importante para nós, e cremos que para os velhinhos com quem conversamos, foram justamente o contato físico, o abraço, os dez minutos de bate-papo e a atenção.

Esquecimento foi a nossa primeira idéia de trabalho para tratar com os idosos. Porém, à medida que as entrevistas corriam, histórias de vida incríveis vinham à tona. Trabalho, força de vontade, desilusão, solidão e amor. Pessoas que escolheram seus caminhos na juventude e colhem os frutos de suas decisões até o fim da vida. O caminho que leva o idoso a chegar aonde ele está hoje saltou às nossas vistas e passou a ser, então, o mote desta obra.

Muitas foram as experiências vividas ao longo dos encontros, que nos deram

Tudo que eu vi

verdadeiras lições e nos fizeram aprender muito mais do que jornalismo. A memória, por exemplo, foi um grande desafio. Bruno teve de se apresentar pela segunda vez a um entrevistado, pois ele não se lembrava que já tinha tido um primeiro encontro com o repórter. Miriam precisou da ajuda de uma calculadora para determinar os anos em que os fatos haviam ocorrido na vida de uma entrevistada. Ela não guarda na memória referências aos anos, mas sim à idade que tinha em certos acontecimentos de sua juventude.

Falar alto também foi um dos exercícios mais praticados por todos nós – muitos dos idosos já não escutavam direito. Joelma teve que gritar bastante em uma de suas entrevistas, porque, além do problema auditivo da entrevistada, a música alta dos vizinhos e o vaivém de pedreiros competiam com a repórter naquele barraco simples e em reforma.

Até o sono foi obstáculo. Camila precisou chamar em voz alta um de seus entrevistados, que adormeceu no meio da conversa. A dúvida e a vergonha a fizeram hesitar por alguns segundos, mas, se a repórter não o acordasse, ele continuaria seu cochilo. Mas todas essas são condições físicas e psicológicas que a idade avançada lhes permite apresentar.

A alegria e a vitalidade que vivenciamos durante este semestre de trabalho também foram surpreendentes. A recepção carinhosa e animada de um casal de idosos fez com que Miriam e Joelma não quisessem nem sair daquele apartamento de alto padrão em

São Caetano do Sul, cidade número um em qualidade de vida. O café servido de forma tradicional em xícaras de porcelana e os biscoitos preparados artesanalmente fizeram as jovens repórteres voltar ao passado, quando as visitas em casa eram um hábito constante e aconteciam sem hora marcada para um longo café.

Nós nunca havíamos nos imaginado aos 100 anos, muito menos trabalhando. A energia, vontade de produzir e amor à profissão nos surpreenderam durante duas entrevistas realizadas com centenários. Uma que ainda trabalha e outro que trabalhou até os 80 anos.

O amor na terceira idade foi algo que também emocionou. Durante a visita a um casal, Juliana observava, admirada, os olhos da esposa se encherem de lágrimas cada vez que o marido falava do relacionamento.

Percebemos também que temos, sim, um papel a cumprir pelos idosos em nosso País. Para Luciana e Bruno, isso ficou claro quando, ao se despedirem de uma entrevistada acamada, ela disse que confiava neles para tentar mudar a situação do País. Muito provavelmente isso não será possível pelas mãos de uma pessoa, mas o fato de saber que os idosos confiam nos mais jovens nos faz pensar que devemos tê-los como exemplo e, ao menos, respeitá-los por sua sabedoria e experiência de vida.

O bate-papo com os moradores de rua não estava previsto. Ele aconteceu quando Juliana e Bruno estavam indo fazer outra entrevista. Na ida, observaram os dois sentados sob o toldo de uma loja, numa manhã úmida de domingo. Receosos em parar, combinaram que os abordariam, se na volta eles ainda estivessem ali. E assim foi feito. Foram bem recebidos quando se apresentaram, apesar da impressão de que aquele momento poderia oferecer algum risco. A partir daquele momento, não poderiam mais se deixar levar pelo repúdio ou pelo preconceito, pois ninguém mais do que os moradores de rua tem carência de apoio, de carinho e atenção.

Em nossas pesquisas e conversas com profissionais, não foi necessário ir muito a fundo para perceber o 'temor' que nossa sociedade tem do envelhecimento. Bastou observarmos que, para alguns povos, o passar dos anos significa experiência: entre os indígenas, os idosos são os guardiões do segredo do Universo; os xamãs ou pajés são respeitados e até temidos pelos mais jovens. Os orientais também reverenciam a sabedoria dos mais maduros.

O avanço tecnológico nos dá a ilusão de estarmos muito próximos da 'verdadeira fonte da juventude', mas a realidade é única e simples: todos nós envelheceremos! E isso a gente faz questão de lembrar.

Tudo o que vimos e ouvimos foram grandes histórias.

Nosso prazer foi dividi-las com você.

Bibliografia

ARAIA, Eduardo. *Elsie Dubugras – Um século de superação*. São Paulo, Três Editorial, 2004

GOBBI, Maria Cristina; BRANCO, Samantha Castelo. *Regulamento dos projetos experimentais*. Curso de Jornalismo/Umesp. São Bernardo do Campo, 2004

HEMINGWAY, Ernest. *O Velho e o Mar*. Rio de Janeiro, O Globo: Folha de São Paulo; 2003

KASTENBAUM, Robert. *Velhice, anos de plenitude*. São Paulo, Harper&Row do Brasil Ltda, 1981

LUFT, Lya. *Pensar é Transgredir*. Rio de Janeiro, Editora Record, 2004

MÁRQUEZ, Gabriel García. *Cem anos de solidão*. Rio de Janeiro, O Globo: Folha de São Paulo, 2003

MATOS, Izilda Santos de. *Cotidiano e Cultura: História, cidade e trabalho*. Bauru, EDUSC, 2002

PAPALIA, Diane E.; OLDS, Sally Wendkos. *Desenvolvimento Humano*. Porto Alegre, Artes Médicas Sul, 2000.

PILETTI, Claudino e PILETTI, Nelson. *História e Vida: Dos tempos modernos ao mundo globalizado,* 16ª ed. São Paulo, Scipione, 2000

SILVA, Francisco de Assis. *História do Brasil: Império e República*. São Paulo, Moderna, 1994

VICENTINO, Cláudio. *História Geral*, São Paulo, Scipione, 1997

Periódicos

CONJUNTURA ECONÔMICA, Revista. Agosto de 2004

ESTATUTO DO IDOSO. Melhor Idade. Lei nº10.741 de 01 de outubro de 2003 e Política Estadual do Idoso Lei nº 9.892 de 10 de dezembro de 1997. Governo do Estado de São Paulo

EXAME. "A idade da escolha", *in Revista Exame*, 18.08.04, ano 38, nº16, páginas 82 a 83 e de 15.09.04, ano 38 nº 18, páginas 32 a 35

FOLHA DE S. PAULO. "Viver para contar", *in Folha de São Paulo: Revista da Folha*. 28.03.2004, ano 12, nº 613. Páginas 8 a 13

LAHÓZ, André. "Os riscos do país de 260 milhões de pessoas", *in Revista Exame*, Editora Abril, páginas 32 a 35, São Paulo, 15.09.2004

MINISTÉRIO DA SAÚDE. *Viver Mais e Melhor*. Ministério da Saúde, Secretaria de Políticas de Saúde. Brasília, 2003

NEVES, Regina. "A comunicação volta seu foco aos maiores de 60 anos", *in Gazeta Mercantil*, Caderno Mídia & Marketing, Página A-38. São Paulo, 29.03.2004

SANTOS, Cláudia. "Elsie Dubugras: a estrela de Planeta", *in Folha Espírita*. Agosto, 2004, ano 31, nº 364, página 5

SESC. "O Século da Terceira Idade", in publicação editada pelo Sesc São Paulo, em comemoração aos seus 40 anos de Trabalho Social com Idosos, 2003

VEJA. "Viver mais e melhor", *in Revista Veja*. 15.09.04, páginas 96 a 108

Internet

ARAIA, Eduardo. A Incansável Elsie. In: Planeta na Web. Acessado em 18/08/04.
Disponível em: http://www.terra.com.br/planetanaweb/354/materiais/354_incansavel_elsie.htm

AVENTURA NA HISTÓRIA – PARA VIAJAR NO TEMPO. Ed. Abril. Acessado em 21/10/2004.
Disponível em http://super.abril.com.br/historia/linhatempo/

FOLHA ON LINE. *Saiba o que é crime a partir do Estatuto do Idoso*. Folha: Acessado em 19/03/2004. Disponível em http://tools.folha.com.br/print.html?skin=emcimadahora&url=http%3A//www1.folha.uol.com.br/folha/cotidiano.html.

FUNDAÇÃO CARLOS CHAGAS. Texto: Mulheres no Mercado de Trabalho. Acessado em: 15/10/2004.
Disponível em http://www.fcc.org.br/mulher/series_historicas/mmt.html

FUNDAÇÃO CARLOS CHAGAS. Texto: Mulheres, trabalho e família. Acessado em: 15/10/2004.
Disponível em http://www.fcc.org.br/mulher/series_historicas/mtf.html

FUNDAÇÃO GETÚLIO VARGAS. Texto: Anos de incerteza (1930-1937), Revolução Constitucionalista de 1932. Acessado em: 09/10/2004. Disponível em http://www.cpdoc.fgv.br/nav_historia/ htm/anos30-37/ev_revolução_const.htm

GRINOVER, Paula. O poder da terceira idade. Novidades. Portal da Família. Acessado em 05/04/2004.
Disponível em http://www.portaldafamilia.org.br/artigos/artigo132.shml

GUERRERO, César. O artista dos sapatos. IstoÉ Gente Online. Acessado em 09/09/2004.
Disponível em http://www.terra.com.br/istoegente/57/testemunha/

INSTITUTO BRASILEIRO DE GEOGRAFIA E ESTATÍSTICA- IBGE. Texto: Mascates, a origem do comércio popular. Acessado em: 30/09/2004. Disponível em http://www1.ibge.gov.br/brasil500/árabes/inserção.html

INSTITUTO BRASILEIRO DE GEOGRAFIA E ESTATÍSTICA – IBGE. Pesquisa: Perfil das mulheres responsáveis pelo domicílio no Brasil. Acessado em: 24/09/2004. Disponível em http://www.ibge.gov.br/home/estatistica/populacao/perfildamulher/comentarios.shtm

INSTITUTO BRASILEIRO DE GEOGRAFIA E ESTATÍSTICA – IBGE. Pesquisa: Perfil dos idosos responsáveis pelos domicílios no Brasil em 2000. Acessado em: 24/09/2004. Disponível em http://www.ibge.gov.br/home/estatistica/populacao/perfilidoso/defaulttab.shtm

INSTITUTO BRASILEIRO DE GEOGRAFIA E ESTATÍSTICA – IBGE. Pesquisa: Censo 2000. Acessado em: 08/10/2004. Disponível em http://www.ibge.gov.br/

INSTITUTO BRASILEIRO DE GEOGRAFIA E ESTATÍSTICA – IBGE. Pesquisa: Anuário estatístico do Brasil 1936. Acessado em: 08/10/2004. Disponível em http://www.ibge.gov.br/

INSTITUTO BRASILEIRO DE GEOGRAFIA E ESTATÍSTICA – IBGE. Pesquisa: Estatísticas 2002 do Registro Civil. Acessado em: 08/10/2004. Disponível em http://www.ibge.gov.br/

INSTITUTO BRASILEIRO DE GEOGRAFIA E ESTATÍSTICA – IBGE. Pesquisa: Estatísticas do Século XX. Acessado em: 08/10/2004. Disponível em http://www.ibge.gov.br/

INSTITUTO DE PESQUISA ECONÔMICA APLICADA - IPEA. Pesquisa: Relatório Empregos no Brasil. Acessado em: 20/09/2004. Disponível em http://www.ipea.gov.br/

MEC. História do Brasil. Acessado em 15/09/2004. Disponível em http://www.mec.gov.br/seed/tvescola/historia/entrevista_4a.asp

MEMORIAL DO IMIGRANTE. Estatísticas. Acessado em 15/09/2004. Disponível em http://www.memorialdoimigrante.sp.gov.br

MINISTÉRIO DA EDUCAÇÃO. Texto: Era Vargas. Acessado em: 20/09/2004. Disponível em http://www.mec.gov.br/seed/tvescola/historia/entrevista

NETO, José Gonçalves. *Pesquisa. Morar só na terceira idade.* Jornal da Paulista. Acessado em 02/04/2004. Disponível em http://www.unifesp.br/comunicacao/jpta/ed166/pesquisa5.htm

O ESTADO DE S. PAULO. São Paulo 450 anos. Acessado em 15/09/2004. Disponível em http://www.estadao.com.br/450/historia13.htm

O ESTADO DE S. PAULO. Divirta-se Online. Acessado em 21/10/2004. Disponível em http://www.estadao.com.br/divirtaseonline/fotos/retrospectiva/index.frm

SCHOR, Silvia Maria. Os moradores de rua na cidade de São Paulo. Fipe. Publicações. Acessado em 15/09/2004. Disponível em http://www.fipe.com/publicacoes/bif_edicao.asp?ed=279

TV CULTURA. Alô Escola. Acessado em 15/09/2004. Disponível em http://www.tvcultura.com.br/aloescola/historia/cenasdoseculo/nacionais/revolucaode32.htm

UNIVERSIDADE ESTADUAL DE CAMPINAS – UNICAMP. Texto: A evolução demográfica da população brasileira durante o século XX. Acessado em: 15/10/2004. Disponível em http://www.unicamp.br/nepo/principal/posgraduacao/Selecao/2005/Textos/Berquo/Texto.pdf